KOREAN *through* ENGLISH

THE LANGUAGE RESEARCH INSTITUTE OF SEOUL NATIONAL UNIVERSITY

한국어2

HOLLYM

Elizabeth, NJ · Seoul

Korean through English 2

Copyright © 1993
by Ministry of Culture and Sports

All rights reserved

First published in November 1992
by Ministry of Culture and Sports
Seventh printing, 1996

by Hollym International Corp.
18 Donald Place, Elizabeth, NJ 07208 U.S.A.
Phone:(908)353-1655 Fax:(908)353-0255

Published simultaneously in Korea
by Hollym Corporation; Publishers
14-5 Kwanchol-dong, Chongno-gu, Seoul 110 -111
Phone:(02)735-7554 Fax:(02)730-5149

ISBN:1-56591-016-8(Book 2)
        1-56591-024-9(Tapes 2)
        1-56591-043-5(Audio package 2)
        1-56591-018-4(Book Set)
        1-56591-045-1(Audio package Set)
Library of Congress Catalog Card Number:93-79442
Book Title & Cover Design ©Hollym

Printed in Korea

Preface

1. This textbook was written by Sang-Oak Lee, Hi-Won Yoon, Jae-Young Han, Mee-Sun Han, and Eun-Gyu Choi at the Language Research Institute of Seoul National University. It comprises three volumes, with 25 lessons in each volume.

2. This textbook has been created under the following general guidelines for content:

    a) The content must be easy (in particular, vol. 1 and 2).

    b) It must be entertaining, as well as educational (particularly vol.3).

    c) It must reflect the phonological and grammatical characteristics of Korean.

    d) It must introduce aspects of Korean culture in a natural and unaffected way.

    e) It must enable individuals to study alone, without the aid of a teacher or classroom environment.

3. In order to meet the above guidelines, we have compiled a list of basic vocabulary items to be included in textbook. In this compilation we have relied on existing word frequency surveys, but have included some words out of their order in such surveys if they relate directly to the topic of the lesson. For the grammatical items, we first made a list of the grammatical morphemes of Korean, and then selected the most commonly used ones for inclusion in the textbook. As for pronunciation, we have listed and organized the various phonetic and phonological rules of Korean, and included drills for them as they appear in the text.

4. Lessons 1 through 5 of Volume 1 are devoted to the introduction and practice of the Korean alphabet *Han-gŭl*. This alphabet, invented more than 500 years ago (in 1443 to be exact) by King Sejong, is based on

careful observation of the phonological characteristics of the Korean language, and is perhaps the most scientific alphabet ever created. Students unfamiliar with it will find it very logical and easy to learn. Practice in writing the characters is included for familiarization with the structure of *Han-gŭl*. Students are urged to pay close attention to stroke order, and to make sure that lines are evenly spaced and each syllable fits neatly within a square box.

5. Each lesson is made up of Vocabulary, Pronunciation, Main Text, Grammar, and Exercise sections.

In the Vocabulary section, the new words of the lesson are presented along with a brief gloss in English. These glosses provide a general idea of the meaning of the words; for more in-depth definitions students are encouraged to consult at good dictionary or a native speaker of Korean.

The Pronunciation sections single out vocabulary items which are unusual or which have proven particularly difficult for English speakers. The characteristic sounds of Korean should be learned accurately at an early stage, to prevent the formation of bad habits which are difficult to correct later on.

In the Main Texts, every effort has been made to provide interesting dialogues. We have also included various aspects of Korean culture that are necessary in learning the language of Korea. In doing so, we have tried to blend cultural information into the text in a natural way, and have tried to present the Korean culture of today, avoiding a dry over-emphasis on traditional culture. The division of most lesson's Main Text into two sections is merely for a change of scene, and is not academically significant.

Explanations of grammatical items are presented in English for clearer understanding on the part of students who do not have the benefit of a teacher. The examples, however, are given without translations, and are intended to further elucidate the way in which a given grammatical item is used.

The Exercises should give students ample practice of the new vocabulary and grammatical items presented in each lesson.

6. A glossary of vocabulary and grammatical items, and English translations of the Main Texts can be found at the back of the book. In Volume 1, however, the English translations are placed immediately following each Main Text.

In Volumes 2 and 3, however, the English translation of the dialogues has been placed at the back of the book. It is the authors' view that whereas the English translation is helpful at the early stages, it can become a hindrance at more advanced levels. At these levels it should be used more as a reference: for checking comprehension, for discovering the nuance of various expressions above and beyond their "dictionary definitions," and for cultural and social insights through the many footnotes.

7. The format of the glossary of Volume 1 is different from that of the other two volumes. In Volume 1, each item is listed exactly as it appears in the text, along with page on which it can be found. We feel that the beginning student cannot be expected to know the basic forms of new words. However, as intermediate and advanced students are at a higher level, all items in the glossaries of Volumes 2 and 3 are listed by their basic forms, along with the number of the lesson in which they are introduced.

Sang-Oak Lee

일러두기

1. 본 한국어 교과서는 서울대 어학연구소 주관으로 이상억, 윤희원, 한재영, 한미선, 최은규에 의해 1(149p), 2(151p), 3(199p)의 세 권으로 집필되어 있으며, 각 권은 각각 25개의 과로 구성되어 있다.

2. 본 한국어 교과서에 담은 내용의 전반적인 방향은 다음과 같다.

   ① 우선 쉬워야 할 것.(특히 1권과 2권)

   ② 교육적이면서 재미가 있을 것.(특히 3권)

   ③ 한국어가 가지고 있는 음운, 문법 등의 특징적인 정보가 반영되도록 할 것.

   ④ 한국의 문화에 대하여 드러나지는 않되 자연스럽게 소개가 되도록 할 것.

   ⑤ 혼자서도 어느 정도 자습이 가능하도록 할 것.

3. 위의 전반적인 방향을 충족시키기 위하여 교과서에 담을 기초 어휘의 목록을 작성하였다. 그를 위하여 기존의 어휘 빈도 조사들에 의존했지만, 해당 장면의 대화에 필요한 어휘일 경우에는 기초어휘의 우선 순위에 벗어나는 어휘들일지라도 대상으로 삼았다. 문법 항목에 대해서는 먼저 국어의 문법 형태소 목록을 작성하고, 사용 비중이 높은 문법 사항을 골라서 다룰 대상으로 삼았다. 발음에 대해서는 국어에 나타나는 발음 현상과 음운 규칙들을 먼저 정리하고 해당 현상과 규칙에 부합되는 용례가 나타나는 자리에서 연습이 되도록 하였다.

4. 한국어 1권에서는 처음 다섯과를 통하여 한글을 익히도록 하였다. 특히 직접 써보는 과정을 두어 한글의 글자 구조를 익히도록 하였다.

5. 각 과는 어휘와 발음, 본문, 문법, 연습문제로 구성되어 있다. 어휘에서는 매과 새로이 소개되는 어휘에 대하여 영어로 간단한 설명을 두었다. 사전이 없이도 공부가 가능하도록 하기 위한 조처이다. 발음에서는 국어의 발음을 익히는 데에 필요한 단어들을

중심으로 다루었다. 본문은 가능한 한 재미있는 장면이 담기도록 노력하였다. 그와 함께 한국의 문화가 자연스럽게 소개될 수 있도록 대화 내용을 유도하였다. 그렇지만 한국의 문화가 과거의 것만이 아니라 현재 우리의 모습도 진정한 우리의 문화라는 점을 염두에 두어 고루한 내용이 되는 것을 피하고자 하였다. 본문은 대부분 제1부와 제2부로 구성이 되어 있는데 장면의 전환을 위한 조처로 이해하면 될 것이다. 본문을 읽어 나가면서 문제가 될 만한 항목들에 대해서는 본문의 영어 번역 부분에서 따로 영어로 설명을 베풀었다. **문법** 항목은 바로 영어로 설명하여, 자습자에 대해 배려하였다. 그러나 해당 문법항목이 나타나는 용례에 대해서는 의도적으로 번역을 달지 않았다. 주어진 문법 항목의 설명만으로는 갈증을 느끼는 자습자를 고려한 것이다. **연습문제**는 주로 해당 과에서 학습한 내용을 충분히 연습할 수 있도록 하였다.

6. 각 권의 뒤에는 어휘·문법 색인과 본문의 영어 번역이 실리게 된다. 1권과는 달리 2, 3권에서는 본문의 영어 번역을 책의 맨 뒤로 돌렸다. 1권의 수준에서는 도움을 줄 수 있는 영어 번역이 2, 3권에서는 바로 보이면 방해가 될 수도 있기 때문이다.

7. 어휘·문법 색인은 1권과 2, 3권의 모습을 달리하였다. 1권에서는 본문에 나타나는 형태를 그대로 보여주며, 해당면수를 밝혔다. 기본형을 모르는 초심자를 고려한 조처이다. 2, 3권에서는 학습자의 수준을 고려하여 기본형태를 보이고, 출현 과를 밝혔다.

이 상 억

Contents

목   차

제 1 과　인　사

❀ 어휘　Vocabulary

요즈음	nowadays, these days	어떻게	how
오랜만	after a long time	얼마만	how long
별일	particular thing, something wrong	건강	health
귀엽다	to be cute, charming, lovely		

☎ 발음　Pronunciation

어떻게	없으셨어요
건강하지요	오랜만이에요
별일[별릴]	귀여워요

선생님 : 요즈음 어떻게 지내셨어요?
앤　　　 : 잘 지냈어요.

선생님 : 오랜만이지요?
앤　　　 : 네, 오랜만이에요. 얼마만이지요?

선생님 : 1년만이에요.
앤　　　 : 그동안 별일 없으셨어요?

선생님 : 네, 별일 없었어요.

* * * * * * * * *

앤　　　 : 아이들은 건강하지요?
선생님 : 네, 다 건강해요.

앤　　　 : 큰 아이는 몇 살이에요?
선생님 : 큰 아이는 여섯 살이에요.

앤　　　 : 작은 아이도 아들이에요?
선생님 : 아니오, 딸이에요.

앤　　　 : 아이들이 참 귀엽지요?
선생님 : 네, 정말 귀여워요.

✆ 문법   Grammar

1. Verb stems ending in the final consonant -ㅂ

    Some verbs whose stems end in -ㅂ are irregular in that in certain environments the final stem sound -ㅂ changes into 우.

  1) When the final -ㅂ of the stem is followed by a vowel, -ㅂ changes into 우. See the examples below :

    귀엽다 – 귀여워요   to be cute

    덥 다 – 더 워 요   to be hot

  2) But when the final -ㅂ of the stem is followed by a consonant, no such change takes place. See the following examples :

    덥지 않아요   not to be hot

    어렵지 않아요   not to be difficult

  3) There exist, however, -ㅂ regular verbs which never change their stem. See the following examples :

    뽑다 – 뽑아요   to pull out

    집다 – 집어요   to pick up(as with finger tips)

▨ 연습문제   Exercises

1. 보기와 같이 다음 단어들을 문장 속에서 변화시켜 보세요.

  보기 : '귀엽다'

      저 소녀는 정말 (귀여워요).

  1) '어렵다'

    한국말은 조금 (   ).

  2) '아름답다'

    저 꽃은 참 (   ).

  3) '덥다'

    오늘은 날씨가 (   ).

☯ 보충 자료   Supplement

* 한국의 가족간 호칭 : 한국은 대가족 제도였으므로, 가족 관계를 나타내는 말이 발달되었다. 기본적인 가족 관계를 나타내는 밀들을 공부하자.

* Names for family Relationships in Korean.

Because of the Confucian family system in Korea, words describing family relationships are a highly developed part of the Korean language. The following are some of the more basic terms :

할아버지(paternal grandfather), 할머니(paternal grandmother)

외할아버지(maternal grandfather), 외할머니(maternal grandmother)

아버지(father), 어머니(mother)

아들(son), 딸(daughter)

한편 다음과 같은 말은 영어에는 없는 것들이다.

The following words do not exist in English.

영어의 'brother', 'sister'에 해당하는 한국말

The following words all correspond to English 'brother' and 'sister' :

Words used by For		남자 Brother	여자 Sister
말하는 사람이 남자일 때 Male	나이 많을 때 Older	형	누나
	나이 적을 때 Younger	동생, 아우	여동생
말하는 사람이 여자일 때 Female	나이 많을 때 Older	오빠	언니
	나이 적을 때 Younger	동생	여동생

Older siblings are never called by their names, but always by the titles 형, 누나, 오빠, or 언니.

More names for family relationships will be introduced in Lesson 21.

제 2 과   한국어 공부

✿ 어휘   Vocabulary

방금	right now	혼자	alone
탁구	Ping-Pong, table-tennis	치다	to play (something)
숙제	homework	어렵다	to be difficult
아직	yet	그렇지만	but, however
재미있다	to be interesting, to be fun		

☎ 발음   Pronunciation

언제	탁구
방금	그렇지만
혼자	얼마나

선희 : 아니, 언제 왔어요?
존　 : 방금 왔어요.

선희 : 오늘은 혼자 왔어요?
존　 : 아니요, 친구는 밖에 있어요.

선희 : 왜 안 들어 와요?
존　 : 밖에서 탁구를 치고 있어요.

선희 : 존은 탁구 안 해요?
존　 : 저는 숙제 때문에 시간이 없어요.

＊ ＊ ＊ ＊ ＊ ＊ ＊ ＊ ＊ ＊

선희 : 한국어를 공부한 지 얼마나 되었어요?
존　 : 1년 되었어요.

선희 : 한국어 잘 하세요?
존　 : 아니오, 아직 잘 못해요.

선희 : 한국어가 어렵지요?
존　 : 네, 아직 어려워요.
　　　　 그렇지만 재미있어요.

☞ 문법 Grammar

1. The adverb 못 or the prefix 못-

   1) 못 ＋ Action Verb or Action Verb Stem ＋ -지 못하다

      학교에 못 가요.　　　　　　 I can't go to school.

      학교에 가지 못해요.

   2) Descriptive Verb Stem ＋ -지 못하다

      이것이 좋지 못해요.　　　　 This is not good.

Notes :

① When the adverb 못 or the prefix 못- is used with action verbs, it indicates impossibility. Therefore, its English equivalent is 'can't' or 'unable to'.

② As in the above examples, 못 or 못- is used in two kinds of formations without changing the meaning of the sentences.

③ When it is used with a descriptive verb, only the D.V.S. ＋ -지 못하다 form is possible. Generally D.V.S. ＋ -지 않다 is used much more than D.V.S. ＋ -지 못하다.

2. The adverb 안 or the prefix 안- ＋ A.V.S.

      학교에 안 가겠어요.　　　　 I will not go to school.

      안 먹겠어요.　　　　　　　 I will not eat.

   1) 안- is the contracted from of 아니. The contracted form is used more often than the full form.

   2) It is normally used with action verbs, while the -지 않다 form is used with descriptive verbs.

   3) The pattern V.S. ＋ -(으)면 안 되다 means literally 'if someone does so-and-so (or is so-and-so), it won't do'.

      지금 가면 안 됩니다.　　　　 You must not go now.

   4) The pattern also occurs in questions, where it corresponds to English 'can't I do so-and-so?' or 'can't it be so-and-so?' See the following examples :

      지금 가면 안 됩니까?　　　　 Can't I go now?.

      예, 지금 가면 안 됩니다.　　 No(i.e., that's right), you can't(or,

must not) go now.

아니오, 지금 가도 좋습니다.Yes(i. e., that's wrong), you may (or can) go now.

▨ 연습문제　Exercises

1. 보기와 같이 다음 문장들을 부정으로 만들어 보세요.

　　보기 : 나는 밥을 먹는다.
　　　　　 - 나는 밥을 안 먹는다.
　　　　　 나는 밥을 못 먹는다.

　　1) 나는 축구를 한다.
　　　　　 - (　　　　　　　　　　)
　　　　　 - (　　　　　　　　　　)
　　2) 동생이 자전거를 탄다.
　　　　　 - (　　　　　　　　　　)
　　　　　 - (　　　　　　　　　　)
　　3) 나는 잠을 잔다.
　　　　　 - (　　　　　　　　　　)
　　　　　 - (　　　　　　　　　　)

2. 다음 문장의 ( )에 '안'과 '못' 중에서 알맞은 것을 골라 넣으세요.

　　보기 : 나는 하기 싫어서 공부를 (안) 한다.

　　1) 나는 한국어를 잘 (　　) 한다.
　　2) 나는 사과를 잘 (　　) 먹는다.
　　3) 동생은 계산을 (　　) 한다.

제 3 과   주 말

❀ 어휘   Vocabulary

주말	weekend	식구	family
편지	letter	쓰다	to write
푹	(to rest)well	쉬다	to take a rest
특히	especially	전통	tradition
건축	architecture	예술품	work of art

☎ 발음   Pronunciation

썼어요	건축
쉬었어요	예술품
특히	전통

선생님 : 주말에 어떻게 지냈어요?

헬 렌 : 식구들에게 편지를 썼어요.

　　　　선생님은 어떻게 지내셨어요?

선생님 : 저는 오랜만에 집에서 푹 쉬었어요.

　　　　주말에 좀 쉬지 않았어요?

헬 렌 : 저도 오랜만에 푹 쉬었어요.

＊ ＊ ＊ ＊ ＊ ＊ ＊ ＊ ＊

선생님 : 한국에서의 생활이 재미있어요?

헬 렌 : 네, 재미있어요.

선생님 : 주로 무엇을 하며 지내세요?

헬 렌 : 한국어와 한국 문화에 대한 공부를 해요.

선생님 : 한국 문화 중에서 어느 부분을 특히 좋아하세요?

헬 렌 : 모두 좋아요. 그런데 그 중에서 특히 전통 건축과 예

　　　　술품이 좋아요.

☞ 문법 Grammar

1. The past tense formation : V.S. ＋ -았-(-었-, -였-) ＋ ending(-어요 etc.) : To make the past tense forms of any verb, you need only insert the past tense infix -았-(-었-, -였-) between the verb stem (plus the honorific infix -시-) and the ending.

Examples

Verb Stem		Past Iufix	Ending	Past Form	Contraction
(A) -았- :	좋-	-았-	-어요	좋았어요	⋯
	많-	-았-	-어요	많았어요	⋯
	보-	-았-	-어요	보았어요	봤어요
	가-	-았-	-어요	(가았어요)	갔어요
	오-	-았-	-어요	(오았어요)	왔어요
(B) -었- :	가르치-	-었-	-어요-	(가르치었어요)	가르쳤어요
	배우-	-었-	-어요-	(배우었어요)	배웠어요
	주무시-	-었-	-어요-	(주무시었어요)	주무셨어요
	있-	-었-	-어요-	있었어요	⋯
	재미있-	-었-	-어요-	재미있었어요	⋯
(C) -였- :	하-	-였-	-어요	하였어요	했어요
	공부하-	-였-	-어요	공부하였어요	공부했어요
	좋아하-	-였-	-어요	좋아하였어요	좋아했어요
	감사하-	-였-	-어요	감사하였어요	감사했어요

Notes

① The vowel change of the past tense marker, as you have noticed follow the same rules as those given for the infinitive mood ending
-았- after -아- and -오- ;
-었- after any vowel ;
-였- after 하-, the stem of the verb 하다 does

② The forms given in the column Contraction are more frequently heard than the regular ones.

③ The vowel of the -어요 ending of the polite informal style never changes.

④ The meaning of the past tense marker is completed, definite action or state and so usually past.

2. Verb stems ending in a final vowel -으 :

Examples

Verb Stem	Past Iufix	Past Form	Meaning
(A) 끄	-었-	껐다	to puts off, to extinguish
뜨	-었-	떴다	to open(one's eyes),
뜨	-었-	떴다	to float, to rise
쓰	-었-	썼다	to write
(B) 크	-었-	컸다	(be) big
예쁘	-었-	예뻤다	(be) beautiful
슬프	-었-	슬펐다	(be) sad
바쁘	-았-	바빴다	(be) busy
기쁘	-었-	기뻤다	(be) happy
아프	-았-	아팠다	(be) painful

▨ 연습문제   Exercises

1. 보기와 같이 다음 단어들을 '았'이나 '었'을 넣어 바꾸어 보세요.

보기 : 작다 → 작았다

1) 받다 → (   )
2) 살다 → (   )
3) 자다 → (   )
4) 뛰다 → (   )
5) 숨다 → (   )

2. 보기와 같이 주어진 단어를 문장에 알맞은 형태로 고쳐 보세요.

보기 : '놀다'
    어제 나는 밖에서 (놀았다).

1) '주다'
   아침에 동생에게 과자를 (   ).

2) '살다'

어릴 때 나는 시골에서 (   ).

3) '먹다'

오늘 아침에 나는 밥을 (   ).

3. 보기와 같이 다음 단어들을 문장 속에 알맞게 고치세요.

> 보기 : 바쁘다
> 나는 어제 매우 (바빴다).

1) '쓰다'

어제 나는 친구에게 편지를 (   ).

2) '아프다'

작년에 나는 많이 (   ).

3) '크다'

작년에는 이 옷이 동생에게 (   ).

4) '끄다'

물로 불을 (   )

5) '고프다'

시간이 늦어서 배가 (   ).

제 4 과   책

✿ 어휘   Vocabulary

소설책   novel   꼭   surely
권   volume   끝나다 to end
이야기   story   옛날   the old days
좀   a little

☎ 발음   Pronunciation

꼭   끝나다[끈나다]
읽다[익따]   옛날[옌날]
소설책

민희 : 한국어로 된 소설책 있어요?

앤　 : 네, 꼭 한 권 있어요.

　　　바로 이 책이에요.

민희 : 그 책을 누가 주었어요?

앤　 : 선생님께서 주셨어요.

민희 : 언제요?

앤　 : 지난 주 수업이 끝난 후에요.

민희 : 그 책을 다 읽었어요?

앤　 : 네, 다 읽었어요.

민희 : 어떤 이야기예요?

앤　 : 한국의 옛날 이야기예요.

민희 : 재미있었어요?

앤　 : 재미있었어요. 그렇지만 좀 어려웠어요.

민희 : 그러면 이 책을 읽어 보세요.

　　　좀 쉬운 책이에요.

앤　 : 감사합니다. 꼭 읽겠어요.

☞ 문법   Grammar

1. To indicate a thing, a person or a place, '것', '분', '데' are used
in Korea as follows :

이것	this thing	이분	this person
그것	that thing(or, it)	그분	that person
저것	that thing	저분	that person
좋은 것	a good thing	좋은 분	a good person
어느 것	a certain thing	어느 분	what person
아무 것	everything	어떤 분	a certain person
어떤 것	which thing	자는 데(곳)	a place to sleep
일하는 데(곳)	a place to work	좋은 데(곳)	a good place

▨ 연습문제   Exercises

1. 보기와 같이 다음 문장을 지시하는 말을 넣어 바꾸어 보세요.

보기 : '책을 주세요'
　　　 - 이 책을 주세요.　　이것을 주세요.
　　　　그 책을 주세요.　　그것을 주세요.
　　　　저 책을 주세요.　　저것을 주세요.

1) '사과를 보세요'
　 - (　　　　　　)　(　　　　　　　　)
　　 (　　　　　　)　(　　　　　　　　)
　　 (　　　　　　)　(　　　　　　　　)

2) 과자를 먹어요
　 - (　　　　　　)　(　　　　　　　　)
　　 (　　　　　　)　(　　　　　　　　)
　　 (　　　　　　)　(　　　　　　　　)

3) 영화가 재미있어요.
　 - (　　　　　　)　(　　　　　　　　)
　　 (　　　　　　)　(　　　　　　　　)
　　 (　　　　　　)　(　　　　　　　　)

2. 다음 단어를 소리나는 대로 써 보세요.

　　1) 낮 → (　　　)
　　2) 낟 → (　　　)
　　3) 찾다 → (　　　)

3. 다음 단어를 정확하게 읽어 보세요.

　　1) 종로　　　　　　2) 국물
　　3) 받는다　　　　　4) 집는다

4. (　)에 알맞은 말을 보기에서 골라 넣으세요.

　　보 기 : 언제, 어디서, 누가, 어떻게, 왜

　　1) (　　　) 오셨어요? → 아침에 왔어요.
　　2) (　　　) 오셨어요? → 선생님께서 오셨어요.
　　3) (　　　) 오셨어요? → 미국에서 왔어요.
　　4) (　　　) 오셨어요? → 한국말을 배우러 왔어요.
　　5) (　　　) 오셨어요? → 버스로 왔어요.

제 5 과   그 림

✿ 어휘   Vocabulary

같다	same	다르다	to be different
많이	many	조금	a little
크다	to be big	어느	which, what
어떤	what, what kind of	밝다	to be bright

☎ 발음   Pronunciation

같아요   많이
밝은   그렇지요

윤희 : 이 그림과 저 그림이 같아요?
앤　 : 아니오, 달라요.

윤희 : 많이 달라요?
앤　 : 아니오, 조금 달라요.

윤희 : 어느 것이 더 커요?
앤　 : 이것이 좀 더 커요.

윤희 : 이것이 좀 더 커요?
앤　 : 네, 좀 더 커요. 보세요.

＊ ＊ ＊ ＊ ＊ ＊ ＊ ＊ ＊ ＊

윤희 : 어떤 그림이 더 좋아요?
앤　 : 저 그림이 더 좋아요.

윤희 : 왜 그렇지요?
앤　 : 저 그림이 색이 더 밝아요.

윤희 : 밝은 색을 좋아하나요?
앤　 : 네, 저는 밝은 색을 좋아해요.
　　　그래서 저 그림이 더 좋아요.

윤희 : 그래서 옷도 늘 밝은 색을 입으시는군요.
앤　 : 네, 그래요.

☞ 문법   Grammar

1. 많아요. 'is many', 'is much' is used for number as well as for quantity. The opposite word is 적어요. 〈Modifier form : 많은, Adverb : 많이.〉

학생이 많아요.	There are many students.
물이 많아요.	There is much water.
많은 학생이 공부해요.	Many students study.
이 학생이 공부를 많이 해요.	This student studies hard (a great deal).

2. 조금, depending on the context, can mean (1) 'a small quantity', 'a little' ; (2) 'a small number', 'a few' ; (3) 'a moment', 'a little while'. (4) 'a short distance', etc. See the examples below :

돈이 조금 필요합니다.	I need some money.
조금 더 주세요.	Give me a few more, please.
조금 전에 친구가 왔어요.	A little while ago my friend came.
조금 가니까, 강이 있었어요.	A little further on, I came to a river.

▦ 연습문제   Exercises

1. 보기와 같이 문장들을 바꾸고 그 뜻을 생각해 보세요.

보기 : 이 옷과 저 옷은 다르다.
    - 이 옷과 저 옷은 조금 다르다.
     이 옷과 저 옷은 많이 다르다.

1) 언니는 나보다 크다.
    - (   )
     (   )
2) 아버지와 어머니는 다르다.
    - (   )
     (   )
3) 이 집은 저 집보다 크다.
    - (   )
     (   )

2. 보기와 같이 '조금'과 '많이' 중에서 (   ) 속에 알맞은 말을 골라 넣어 보세요.

보기 : 사자는 쥐보다 (많이) 크다.

1) 여름과 겨울은 (   ) 다르다.
2) 기차는 자동차보다 (   ) 길다.
3) 분홍색과 빨강색은 (   ) 다르다.

3. 보기와 같이 주어진 단어들을 이용해서 짧은글을 지으세요.

보기 : (나, 동생, 크다)
   - 나는 동생보다 크다.

1) (서울, 부산, 크다)
   -

2) (배, 사과, 비싸다)
   -

3) (여름, 겨울, 덥다)
   -

4) (소설, 영화, 재미있다)
   -

제 6 과　외　출

※ 어휘　Vocabulary

언제쯤	when, about what time	어디	what place, where
이렇게	like this, in this way	일찍	early
보통	usually	항상	always

☏ 발음　Pronunciation

있어요	없어요
나갔어요	안녕히
학교	알겠습니다

존　　　：영민이 집에 있어요?
어머니 : 집에 없어요. 나갔어요. 어떻게 하나…

존　　　：언제쯤 나갔어요?
어머니 : 한 시간 전에 나갔어요.

존　　　：어디 갔어요?
어머니 : 학교에 갔어요.

존　　　：학교에 이렇게 일찍 가요?
어머니 : 네, 언제나 일찍 가요.

존　　　：그렇군요. 그럼 안녕히 계세요.
어머니 : 잘 가요.

＊ ＊ ＊ ＊ ＊ ＊ ＊ ＊ ＊ ＊ ＊

존　　　：여보세요, 영민이네 집이지요?
어머니 : 아, 존이군요. 영민이가 아직 안 왔는데.

존　　　：영민이 어머니세요? 안녕하세요?
　　　　　영민이는 언제 와요?
어머니 : 보통 오후 네 시쯤에 와요.

존　　　：오늘은 언제 와요?
어머니 : 오늘은 오후 여섯 시쯤에 와요.

존　　　：영민이는 항상 학교에 갑니까?
어머니 : 네, 영민이는 항상 학교에 가서 공부를 해요.

존　　　：알겠습니다. 저녁에 다시 전화하겠습니다.
어머니 : 네, 그렇게 하세요.

1. 저녁 means 'evening'. Depending on the context, it also means 'supper'. In the same manner, 아침 means 'morning' or 'breakfast', while 낮 means 'daytime', 밤 'night'.

아침에 무엇을 하셨어요?	What did you do in the morning?
낮에 무엇을 하셨어요?	What did you do during the day?
저녁에 무엇을 하세요?	What do you do in the evening?
밤에 몇 시에 주무세요?	At what time do you go to bed at night?

2. 오전 is used both as a conversational term of 'morning' and as a technical term corresponding to English 'a.m.' The opposite word is 오후, which is also used both as a conversational term for 'afternoon' and as a technical term corresponding to English 'p.m.'

내일	tomorrow	오늘	today
모레	the day after tomorrow	어제	yesterday
글피	two days after tomorrow	그저께	the day before yesterday

3. 틈, depending on the context, can mean (1) 'spare time or time to spare, (2) 'a gap' or 'crack', (3) 'chance', (4) 'an unguarded moment', etc.

   문 틈에서 바람이 들어와요.

      The wind is coming through a chink in the door.

   저는 틈이 없어요. I have no leisure.(or : I am pressed for time.)

4. The particle -에서 means 'at', in or 'from'

학교에서 공부해요.	I study at school.
서울에서 살아요.	I live in Seoul.
서울에서 왔어요.	I come from Seoul.

5. But the particles -에(다) 'to' and -에서 'from' are used with nouns refering to inanimate things. The particle -에(다) 'to' indicates an inanimate indirect object and the particle -에서 'from' indicates an inanimate source or origin.

어디에(다) 편지를 씁니까?   To whom(where) are you writing?

집에(다) 편지를 씁니다.   I'm writing home.

이 책을 이탈리아에 보냅니다.   I am sending this book to Italy.

빨리 학교에 오세요.   Please come to school quickly.

6. Noun + 로 : 'by means of' -로

기차로 갑시다.   Let's go by train.

비행기로 가세요?   Do you go by airplane?

연필로 씁시다.   Let's write with a pencil.

7. The particle -에 : 'per' or 'for'

이 책은 한 권에 천 원이에요. This book is 1,000 won per volume.

▨ 연습문제   Exercises

1. 보기와 같이 다음 대화를 완성하세요.

보기 : (어디) 가세요?

집에 가요.

1) (   ) 갔어요?
아침에 갔어요.

2) (   ) 있었어요?
집에 있었어요.

3) (   ) 왔어요?
방금 왔어요.

4) (   ) 보세요?
저 쪽을 봅니다.

2. 보기와 같이 다음 문장의 (   )를 채우세요.

보기 : 나는 학교(에) 있다.

1) 영희는 부산(   ) 왔다.

2) 언니는 의자(   ) 앉았다.

3) 아침(   ) 일찍 일어났다.

제 7 과 과 일

❀ 어휘   Vocabulary

과일	fruit	무슨	what, what kind of
좋아하다	to like	사과	apple
귤	orange	다르다	to be different
가게	shop	도매	wholesale
시장	market	아직	yet

☎ 발음   Pronunciation

특히   맛있지요[마딛/마싣찌요]

값   함께

감사합니다

윤희 : 과일을 좋아하세요?

앤　 : 네, 좋아해요.

윤희 : 무슨 과일을 좋아하세요?

앤　 : 모든 과일을 다 좋아해요.

　　　 그렇지만 사과와 귤을 특히 좋아해요.

윤희 : 한국 사과가 맛있지요?

앤　 : 네, 맛있어요. 미국 사과와 달라요.

* * * * * * * *

윤희 : 과일을 어디에서 사세요?

앤　 : 동네 가게에서 사요.

　　　 윤희씨는 과일을 어디에서 사세요?

윤희 : 저는 도매 시장에 가서 사요.

　　　 큰 시장에는 안 가세요?

앤　 : 아직 못 갔어요. 길을 몰라요.

윤희 : 거기 가면 물건도 많고 값도 싸요. 다음에 함께 가요.

앤　 : 감사합니다. 저도 가 보고 싶어요.

☞ 문법　Grammar

1. The particle of comparison -보다…(더) : 'more than'

이 책보다 그 책이 (더) 커요.　That book is bigger than this book.
수학보다 역사가 (더) 재미있어요

History is more interesting than mathematics.
연필보다 만년필이 (더) 비싸요.

The fountain pen is more expensive than the pencil.
자동차보다 비행기가 (더) 빨라요.

The airplane is faster than the automobile.

2. The adverbs of superlative 제일, 가장 : 'the most'

그 책이 제일 커요.　　That book is the biggest.
역사가 제일 재미있어요.　History is most interesting.
이 만년필이 제일 비싸요.　This fountain pen is most expensive.
비행기가 제일 빨라요.　　The airplane is the fastest.

▨ 연습문제　Exercises

1. 다음 보기와 같이 최상급의 표현이 되도록 문장을 완성해 보세요.

보기 : 나는 개를 좋아한다.
　　　- 나는 개를 제일 좋아한다.

1) 제인이 예쁘다.
　- (　　　　　　　　　　)
2) 겨울이 춥다.
　- (　　　　　　　　　　)
3) 나는 인형을 좋아한다.
　- (　　　　　　　　　　)

2. 다음 보기와 같이 주어진 단어를 넣어서 문장을 완성해 보세요.

보기 : 봄, 여름
　　　- (봄)과 (여름)은 다르다.
　　　(여름)은 (봄)보다 더 덥다.

1) 바다, 강
  - (　　)와 (　　)은 다르다.
  (　　)는 (　　)보다 더 크다.
2) 형, 동생
  - (　　)과 (　　)은 다르다.
  (　　)은 (　　)보다 어리다.
3) 사자, 토끼
  - (　　)와 (　　)는 다르다.
  (　　)는 (　　)보다 힘이 세다.

3. 다음 보기와 같이 문장을 바꾸어 보세요.

보기 : 나는 사과보다 딸기가 더 좋다.
  - 나는 딸기가 제일 좋다.

1) 나는 산보다 바다를 더 좋아한다.
  - (　　　　　　　　　　　　　　　)
2) 제인은 사회보다 과학을 더 잘 한다.
  - (　　　　　　　　　　　　　　　)
3) 내 동생은 공부보다 운동을 더 좋아한다.
  - (　　　　　　　　　　　　　　　)

제 8 과　날씨

❊ 어휘　Vocabulary

비　rain
독일　Germany
장마　the rainy spell in summer
눈　snow
우산　umbrella
여름　summer
기분　feeling

☏ 발음　Pronunciation

날씨
맑은
싫어요
많이
좋지만
젖는

모니카 : 밖에 비가 와요.

영민　 : 네, 요즘은 비가 많이 와요.

　　　　　우산 가져 오셨어요?

모니카 : 네, 가져 왔어요.

영민　 : 영국에도 비가 많이 오나요?

모니카 : 네, 영국에도 비가 많이 와요.

　　　　　한국에는 여름에 비가 많이 오지요?

영민　 : 네, 한국에는 여름에 장마가 있어요.

＊ ＊ ＊ ＊ ＊ ＊ ＊ ＊ ＊ ＊

영민　 : 어떤 날씨를 좋아하세요?

모니카 : 저는 맑은 날씨를 좋아해요.

　　　　　맑은 날은 기분이 좋아요.

영민　 : 비가 오는 날이나 눈이 오는 날은 어때요?

모니카 : 눈이 오는 날은 좋지만 비가 오는 날은 싫어요.

영민　 : 비가 오는 날이 왜 싫어요?

모니카 : 옷이 젖는 것이 싫어요.

☞ 문법 Grammar

1. The particle -도 : 'too', 'indeed', or 'even'

   1) Replacing subject particles :

      김 선생님도 가요.   Mr. Kim is also going.

      저도 학생이에요.   I am a student, too.

      그분도 한국말을 가르쳐요.   He also teaches Korean.

   2) Replacing object particles :

      저는 한국말도 가르쳐요.   I teach Korean, too.

      저는 공부도 해요.   I study, too.

      저는 그분도 좋아해요.   I like him, too.

   3) With other particles :

      그분은 학교에서도 공부해요. He studies at school, too.

      부산에도 사람이 많아요.   There are many people in Pusan, too.

   4) With adverbials :

      그분은 아직도 공부해요.   He is still studying.

      그분은 공부를 잘도 해요.   He studies very well.

      서울에는 사람이 너무도 많아요.

                      There are too many people in Seoul.

   5) With negative forms :

      그분은 그 책을 보지도 않아요.

                    He does not even look at that book.

      물건 값이 그리 비싸지도 않아요.

                The prices of things are not so expensive.

      그분은 학교에 가지도 않았어요.   He did not even go to school.

2. The modifier formation : Verb Stem ending - ㄴ, -은

   1) Action Verb Stem＋-은/-는

      비가 오는 날은 싫어요.   I don't like rainy day.

   2) Discriptive Verb Stem＋-ㄴ, -은, -는

      맑은 날이 좋아요.   I like clear days.

      재미있는 책을 주세요.   Give me an interesting book.

▨ 연습문제 Exercises

1. 다음 각 문장의 뜻 차이를 말해 보세요.

　　1) 나는 사과를 좋아한다.
　　　 나는 사과도 좋아한다.
　　　 나는 사과만 좋아한다.
　　　- (　　　　　　　　　　　　　　)
　　2) 윤희의 동생은 그 노래를 잘 한다.
　　　 윤희의 동생은 그 노래도 잘 한다.
　　　 윤희의 동생은 그 노래만 잘 한다.
　　　- (　　　　　　　　　　　　　　)

2. 보기와 같이 ( ) 속에 알맞은 말을 넣어 보세요.

　　보기 : 1. 나는 모든 음식을 다 좋아한다.
　　　　　　　 나는 불고기(도) 좋아한다.
　　　　　 2. 나는 다른 음식은 다 싫어한다.
　　　　　　　 나는 불고기(만) 좋아한다.

　　1) 나는 모든 과목을 다 좋아한다.
　　　 나는 수학(　　) 좋아한다.
　　2) 동생은 다른 장난감은 다 싫어한다.
　　　 동생은 인형(　　) 좋아한다.
　　3) 어머니는 모든 음식을 다 잘 만드신다.
　　　 어머니는 과자(　　) 잘 만드신다.
　　4) 누나는 다른 옷은 안 입는다.
　　　 누나는 바지(　　) 입는다.

제 9 과 시 험

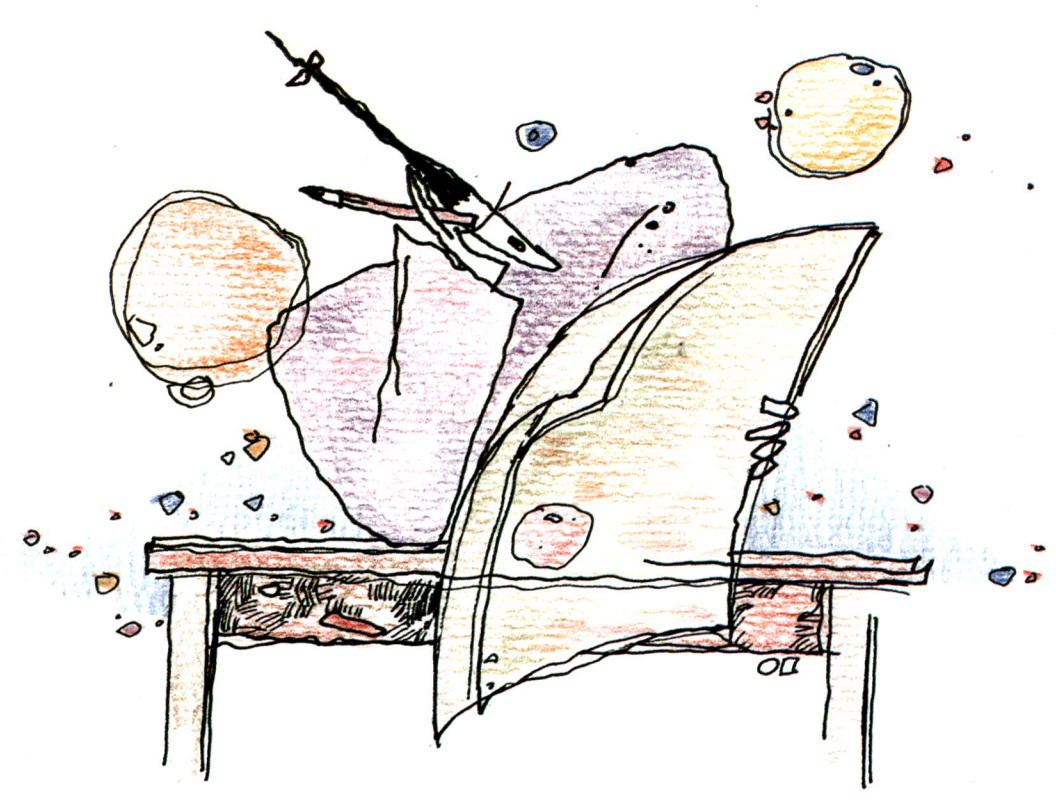

✻ 어휘 　Vocabulary

시험 　examination 　　　공부 　study
바쁘다 to be busy 　　　　쉽다 to be easy
충분히 enough, thoroughly 　걱정 anxiety

☎ 발음 　Pronunciation

못 했어요 　　　　　　　　앓지만
어렵지 　　　　　　　　　뵙겠습니다[뵙께씀니다]

선생님 : 한국어 공부 많이 했어요?
존　　　: 많이 못 했어요.

선생님 : 왜 못 했어요?
존　　　: 요즘은 너무 바빴어요.

선생님 : 하루에 몇 시간쯤 공부해요?
존　　　: 보통 두 시간쯤 해요.

선생님 : 한국어가 쉽지요?
존　　　: 별로 쉽지는 않지만 재미있어요.

* * * * * * * * * *

선생님 : 다음 시간에는 시험을 보겠어요.
존　　　: 한국어 시험이 어려워요?

선생님 : 아니오, 어렵지 않아요.
존　　　: 어떻게 공부하면 돼요?

선생님 : 배운 내용을 충분히 복습하면 돼요.
　　　　　너무 걱정하지 마세요.
존　　　: 네, 그럼 내일 뵙겠습니다.

☞ 문법 Grammar

1. Honorofic ending (question) - ㅂ니까?

   1) 어떻게 지내십니까?   어떻게 지냅니까?
      How have you been?
   2) 옷을 입으십니까?   옷을 입습니까?
      Are you getting dressed?

2. Honorific -시- (for person only)

   공부하는 저 사람이 누구예요?

                              Who is that man who is studying?
   공부하시는 분이 김 선생님이세요.

                         The person who is studying is Mr. Kim.

▨ 연습문제 Exercises

1. 다음 문장들 중에서 '시'가 알맞게 사용된 것을 찾아 보세요. 그리고 틀린 것은 맞게 고쳐 쓰세요.

   1) 아기가 예쁘시다.
      (   )
   2) 어머니가 시장에 가신다.
      (   )
   3) 선생님이 간다.
      (   )
   4) 동생이 학교에 간다.
      (   )

2. 보기와 같이 문장을 바꾸어 보세요.

   보기 : 동생이 온다.
          - 아버지가 (오신다).

   1) 나는 공원에 간다.
      - 아버지가 공원에 (   ).

2) 동생은 밥을 좋아한다.

   - 어머니는 밥을 (　　　).

3) 아기가 옷을 입는다.

   - 할머니가 옷을 (　　　).

4) 친구가 그림을 그린다.

   - 선생님이 그림을 (　　　).

3. 보기와 같이 ( ) 속의 단어를 이용하여 짧은글을 지으세요.

   보기 : (아버지, 책, 주다)

     - 아버지가 책을 주셨어요.

   1) (친구, 탁구, 치다)

     -

   2) (할머니, 버스, 타다)

     -

   3) (나, 밝은 색, 좋아하다)

     -

   4) (선생님, 사과, 싫어하다)

     -

   5) (우리, 바쁘다)

     -

제 10 과 모 임

※ 어휘 Vocabulary

배고프다	to be hungry	식사	meal, dinner
잡수시다	to eat, have	불고기	bulgogi : grilled beef
냉면	iced noodles	고기	meat

☏ 발음 Pronunciation

모였어요
먹었어요
냉면
몇 명
잡수셨어요[잡쑤셔써요]

윤희 : 어제 파티가 재미있었어요?
모니카 : 네, 재미있었어요.

윤희 : 사람들이 많이 모였어요?
모니카 : 네, 많이 모였어요.

윤희 : 몇 명쯤 모였어요?
모니카 : 열 명쯤 왔어요.

윤희 : 다 외국 사람들이에요?
모니카 : 아니오, 한국 사람도 있고 외국 사람도 있었어요.

* * * * * * * * * *

윤희 : 배고프세요?
모니카 : 아니오, 아직 배고프지 않아요.

윤희 : 몇 시에 식사했어요?
모니카 : 한 시에 먹었어요.

윤희 : 뭐 잡수셨어요?
모니카 : 불고기와 냉면을 먹었어요.

윤희 : 고기를 좋아하세요?
모니카 : 아니오, 고기를 좋아하지 않아요.
　　　　 그렇지만 불고기는 좋아해요.

☞ 문법 Grammar

1. The suffix -쯤 : 'about' or 'approximately'

몇 시쯤 오시겠어요?	About what time will you come?
열 사람쯤 왔어요.	About ten people came.
언제쯤 가시겠어요?	About when will you go?

2. 정도 is a noun, meaning 'grade', 'degree', 'extent' or 'standard', etc. 어느 정도까지 is an adverbial phrase, meaning 'to some degree', or 'up to a certain point'.

그것은 정도 문제입니다.	That's a matter of degree.
이 책은 정도가 높습니다.	This is a high class book.
어느 정도까지 알아야 합니까?	How much do I have to know?

3. The conjunctive particle -과/와 : and

분필과 칠판	chalk and blackboard
책과 공책	book and notebook
학생과 선생	teacher and student
의자와 책상	chair and desk
교과서와 연필	textbook and pencil

▨ 연습문제 Exercises

1. 다음 보기와 같이 두 문장을 이어 보세요.

보기 : 나는 소년이다.
　　　존은 소년이다.
　　　- (나와 존은 소년이다.)

1) 장미는 꽃이다.
　 백합은 꽃이다.
　- (　　　　　　　　　　)

2) 나는 밥을 좋아한다.
　 나는 빵을 좋아한다.
　- (　　　　　　　　　　)

3) 경복궁은 서울에 있다.
　남산은 서울에 있다.
　- (　　　　　　　　　　)

4) 어머니는 집에 있다.
　동생은 집에 있다.
　- (　　　　　　　　　　)

2. 다음 보기와 같이 ( ) 속에 알맞은 말을 넣고 소리내어 읽어 보세요.

　보기 : 방학이 열흘 남았다.
　　　　- 방학이 열흘(정도) 남았다.
　　　　방학이 열흘(쯤) 남았다.

1) 지금은 두 시다.
　- 지금은 두 시(　　) 되었다.
　지금을 두 시(　　) 되었다.

2) 방 안에는 다섯 명이 있다.
　- 방 안에는 다섯 명(　　)가 있다.
　방 안에는 다섯 명(　　)이 있다.

3) 사과 세 개를 먹었다.
　- 사과 세 개(　　)를 먹었다.
　사과 세 개(　　)을 먹었다.

제 11 과　　한국어 실력

❀ 어휘　Vocabulary

책	book	이리	here, this way
학기	semester	신문	newspaper
뜻	meaning	회화	conversation

☏ 발음　Pronunciation

글자	신문
몰라요	회화

선생님 : 이 책, 누구 책이에요?

존　　　 : 제 책이에요. 이리 주세요.

선생님 : 무슨 책이에요?

존　　　 : 한국어 책이에요.

선생님 : 언제부터 한국어를 배워요?

존　　　 : 이번 학기부터 배워요.

선생님 : 이 책을 다 배웠어요?

존　　　 : 아니오, 아직 다 못 배웠어요.

* * * * * * * * * *

선생님 : 한국어 공부를 얼마쯤 했어요?

존　　　 : 한 학기쯤 했어요.

선생님 : 신문을 읽을 수 있어요?

존　　　 : 아니오, 신문은 아직 못 읽어요.

　　　　　글자는 알지만 뜻을 몰라요.

선생님 : 회화는 어때요?

존　　　 : 회화도 잘 못해요.

선생님 : 잘 하시는데요.

존　　　 : 쉬운 말만 잘 해요.

☞ 문법   Grammar

1. First personal pronoun 나/저, 우리/저희

나는 집에 갑니다.　　　　　I go home.
저는 집에 갑니다.　　　　　I go home.
우리는 공부를 열심히 합니다.　We study hard.
저희는 공부를 열심히 합니다.　We study hard.

▦ 연습문제   Exercises

1. ( )에 알맞은 말을 보기에서 골라 넣으세요.

보기 : 언제, 어디, 누구, 왜

1) 저를 (　　)부터 기다렸어요?
2) 책에서 (　　)를 몰라요?
3) 제가 (　　) 모르겠어요?
4) 그분이 (　　)시라고요?

2. 다음 문장들 중에서 올바른 것을 고르세요.

1) 학생이 선생님께
   - 나는 집에 갑니다.
      저는 집에 갑니다.
2) 내가 어머니께
   - 나는 운동을 좋아합니다.
      저는 운동을 좋아합니다.
3) 내가 동생에게
   - 나는 공부를 한다.
      저는 공부를 한다.
4) 내가 친구에게
   - 나는 집에 간다.
      저는 집에 간다.

3. 보기와 같이 다음 문장들을 공손한 표현으로 고쳐 보세요.

보기 : 나는 밥을 먹습니다.
　　 - 저는 밥을 먹습니다.

1) 나는 한국말을 배웁니다.
　 - (　　　　　　　　　　　)
2) 우리는 한국 사람입니다.
　 - (　　　　　　　　　　　)
3) 나는 중학생입니다.
　 - (　　　　　　　　　　　)
4) 우리는 열심히 일합니다.
　 - (　　　　　　　　　　　)
5) 나는 장미를 좋아합니다.
　 - (　　　　　　　　　　　)

4. 여러 사람에게 나를 소개하는 말을 써 보세요.

제 12 과   휴 가

※ 어휘   Vocabulary

휴가	holiday	겨울	winter
봄	spring	가을	fall, autumn
배	ship, boat	(배를) 타다	to go on board
기대	expectation, hope		

☎ 발음   Pronunciation

계획	처음
즐거운	휴가

앤　　: 공부하는 것을 좋아하세요?

영민 : 네, 저는 공부하는 것이 재미있어요.
　　　앤은 안 그러세요?

앤　　: 저는 공부도 좋지만 가끔 쉬고 싶어요.
　　　그래서 휴가를 기다려요.

영민 : 누구나 그렇지요.

앤　　: 휴가는 여름이나 겨울이 좋아요.

영민 : 그래요? 저는 봄이나 가을이 좋아요.

* * * * * * * * * *

앤　　: 한국에서 휴가는 며칠입니까?

영민 : 보통 일주일 정도입니다.

앤　　: 이번 휴가 계획을 세웠어요?

영민 : 네, 제주도에 갈 거예요.
　　　거기서 산에도 올라가고, 바다에서 배도 탈 거예요.

앤　　: 제주도에 가 보셨어요?

영민 : 아니오, 이번이 처음이에요.
　　　그래서 기대가 더 커요.

앤　　: 즐거운 휴가가 되기를 바랍니다.

☞ 문법 Grammar

1. Nominal ＋ -에 따라(서)：'depending on…' or 'according to…'

물건에 따라서 값이 다릅니다.

> The price differs depending on the things.

사람에 따라서 성격이 다릅니다.

> Character differs according to the person.

1) The pattern -에 따라서 is always attached to nominals. The English equivalent of this pattern is 'depending on…' or 'according to…' depending on the situation.

2) The particle -서 after -에 따라 is optional. However, -에 따라 with the particle -서 is more emphatic.

2. The contrastive ending -지만 : 'but'

나는 학교에 가지만, 그분은 가지 않아요.

> I go to school, but he does not go.

이것은 좋지만, 저것은 좋지 않아요.

> This is good, but that is not good.

이 책은 어렵지만, 재미있어요.

> This book is difficult, but (it's) interesting.

3. The gerund form of the verb V.S. ＋ -고 : 'is and'(descriptive verb) 'does and' (action verb)

그분은 한국말을 공부하고, 저는 영어를 공부해요.

> He is studying Korean, and I'm studying English.

이 책상은 싸고, 저 책상은 비싸요.

> This desk is cheap, and that one is expensive.

비행기는 빠르고, 자동차는 느려요.

> The airplane is fast, and the automobile is slow.

▨ 연습문제 Exercises

1. 보기와 같이 두 문장 사이에 알맞은 말을 넣어 보세요.

보기 : 나는 개를 좋아한다.
   　　(그래서) 나는 개를 기른다.

1) 날씨가 덥다.
   (　　　) 땀이 많이 난다.
2) 내일 시험을 본다.
   (　　　) 오늘 밤에는 공부를 해야 한다.
3) 어머니가 몸이 아프시다.
   (　　　) 내가 동생을 돌봐야 한다.

2. 보기와 같이 두 문장을 하나로 이어 보세요.

보기 : 1) 교실에서는 공부를 한다. 운동장에서는 체육을 한다.
   　　　- 교실에서는 공부를 하고, 운동장에서는 체육을 한다.
   　　2) 나는 잠이 온다. 나는 숙제를 해야 한다.
   　　　- 나는 잠이 오지만, 숙제를 해야 한다.

1) 바다에서는 수영을 한다.
   산에서는 등산을 한다.
   - (　　　　　　　　　　　　)
2) 장미는 아름답다.
   장미는 가시가 있다.
   - (　　　　　　　　　　　　)
3) 나는 농구 구경을 좋아한다.
   나는 농구를 잘 하지는 못한다.
   - (　　　　　　　　　　　　)

제 13 과   부   탁

❀ 어휘   Vocabulary

부탁	request	사전	dictionary
예습	preparation (of lessons)	모르다	to be ignorant of
문제	question		

☎ 발음   Pronunciation

뭔데요   괜찮아요
왼쪽   같이[가치]

존　　 : 저, 부탁이 있는데요.
윤희 : 뭔데요?

존　　 : 책 좀 빌려주세요.
윤희 : 무슨 책이오?

존　　 : 한국어 책이오.
윤희 : 네, 그러세요. 책을 안 가져 오셨어요?

존　　 : 네, 잊어버리고 안 가져 왔어요.
윤희 : 자, 여기 사전도 있어요. 같이 봅시다.

* * * * * * * * * *

존　　 : 바쁘지 않으세요?
윤희 : 네. 괜찮아요.

존　　 : 지금 오늘 배울 내용을 예습하고 있는데요.
　　　　 모르는 내용이 있어서요.
윤희 : 몇 과지요?

존　　 : 3 과입니다.
　　　　 거기 왼쪽 아래 3번 문제를 모르겠어요.
윤희 : 제가 가르쳐 드리죠. 이리 와서 같이 봅시다.

존　　 : 고맙습니다.

☞ 문법　Grammar

1. 한테 is a noun particle expressing direction toward both people and animals.

2. 빌려 주세요 is a polite request. As a verbal it consists of two parts 빌려(빌리다) and 주세요(주다). 빌려, being the main verb, expresses the main action 'lend', while the dependent verb 주세요 expresses the idea that the action of the main verb is requested in favor of the speaker('Please').

3. 드리세요 means the same as 주세요 except that the former is more polite. Here the dependent verb 드리세요 is a polite form of 주세요 and expresses the idea that the action is being done in favor of the one spoken to (for you).

4. Verbal gerund ＋ -있다 : A.V.S. ＋ 고 있다 : '(someone) is doing'

> 저는 지금 공부하고 있습니다.　I'm studying now.
> 한국말을 가르치고 있습니다.　I'm teaching Korean.
> 그분을 기다리고 있습니다.　　I'm waiting for him.

1) The pattern -고 있다 is used only with action verbs and indicates that an action is actually progressing.
2) The pattern -고 있다 must never be used for the immediate future as is done in English, i.e., I am going for I will go.
3) The pattern -고 있다 can also indicate an action or state that began in the past and is still continuing. In this case, a time word ＋ particle like -부터 or -동안 is used to indicate when the action began and how long the action or state has been continuing.

> 오 년 동안 한국말을 공부하고 있어요.
> 　　　I have been studying Korean for the past five years.
> 작년부터 가르치고 있어요. I have been teaching since last year.

4) The tense, negation, etc., are regularly expressed in the final

verb 있다, not in the verb with -고.

　　저는 기다리고 있겠어요.　　　I will be waiting for you.
　　그때 공부하고 있었습니다.　　I was studying at that time.
　　지금 공부하고 있지 않아요.　　I am not studying now.

　5) 있다 may be replaced by its honorific 계시다.

5. Noun + (이)라고 하다 : is called
　　그것을 무엇이라고 합니까?　　What is the name of that thing?
　　그것을 책상이라고 합니다.　　That is called a desk.

▦ 연습문제　Exercises

1. 다음 문장들을 보기와 같이 ( ) 안의 말을 써서 바꾸어 보세요.

　보기 : 선생님께 숙제를 보였다. (드리다)
　　　- 선생님께 숙제를 보여 드렸다.

　1) 할머니께 길을 안내했다. (드리다)
　　- (　　　　　　　　　　　　　　)
　2) 날이 어둡다. (지다)
　　- (　　　　　　　　　　　　　　)
　3) 선희에게 말했다. (주다)
　　- (　　　　　　　　　　　　　　)

2. 다음 문장들의 뜻 차이를 말해 보세요.

　1) 이제 그 책을 다 읽었다.
　　이제 그 책을 다 읽어 간다.
　2) 날씨가 춥다.
　　날씨가 추워 진다.
　3) 지금 옷을 입는다.
　　지금 옷을 입고 있다.

제 14 과　방 문

❀ 어휘　Vocabulary

오전	the morning, a.m.	공책	notebook
놓다	to put, to place	인삼차	a ginseng tea
설탕	sugar	그냥	as it is

☏ 발음　Pronunciation

계속
설탕
놓으세요

앤　　: 선생님 계세요?
조교 : 지금 안 계세요.

앤　　: 요즈음 계속 안 나오셨어요?
조교 : 아니오, 오전에 나오셨어요.
　　　　지금 잠깐 나가셨어요.

앤　　: 언제 들어오세요?
조교 : 곧 오실 거예요.

앤　　: 언제 나가셨어요?
조교 : 한 시간쯤 되었어요. 들어와서 기다리세요.

＊ ＊ ＊ ＊ ＊ ＊ ＊ ＊ ＊ ＊

조교 : 공책은 이리 놓으세요. 차 드시겠어요?
앤　　: 네, 감사합니다.

조교 : 무슨 차로 하시겠어요?
앤　　: 무슨 차가 있나요?

조교 : 커피와 인삼차가 있어요.
앤　　: 인삼차로 주세요.

조교 : 설탕을 좀 넣어 드릴까요?
앤　　: 아니오, 그냥 주세요.

☞ 문법 Grammar

1. Verb ending '-아/어요'

Verb Stem	Ending	Original form	Contraction
a) 좋-	-아요	좋아요	(absent)
많-	-아요	많아요	(absent)
오-	-아요	(오아요)	와요
가-	-아요	(가아요)	가요
b) 재미있-	-어요	재미있어요	(absent)
배우-	-어요	(배우어요)	배워요
주무시-	-어요	주무시어요	주무세요
c) 하-	-여요	(하여요)	해요
공부하-	-여요	(공부하여요)	공부해요

1) To give the verb its '-요' form you are to add the ending -아 (- 어, -여)요 directly to the stem of the verb.

a) If the stem of the verb contains either the vowel -아 or the vowel -오, the ending -아요 is added.

b) If the stem of the verb contains any other vowel, the ending 어요 is added.

2) The ending of the -요 style is the same for the various types of utterances, statement, question, command and proposition. The only tools you are given to set off the one type against the other are the intonation and a feature of length. To master the intonation patterns, therefore, is a matter of great importance. Study the intonation patterns of the '-요' style as given below :

Statement	학교에 가요.	(normal)
Question	학교에 가요?	(often, 학교에 가세요?)
Command	학교에 가요.	(short) (often, 학교에 가세요.)
Proposition	학교에 가요.	(often, 학교에 갑시다)

▨ 연습문제   Exercises

1. 다음 문장들 중에서 올바른 것을 찾아 보세요.

　　1) 선생님이 밥을 먹는다.
　　　선생님께서 밥을 잡수신다.
　　2) 아기가 잔다.
　　　아기가 주무신다.
　　3) 방에 친구가 있다.
　　　방에 친구가 계신다.
　　4) 할아버지가 잔다.
　　　할아버지가 주무신다.

2. 보기와 같이 다음 문장을 바꾸어 보세요.

　　보기 : 동생이 점심을 먹는다.
　　　　　 - 어머니가 점심을 (드신다).

　　1) 침대에서 아이가 잔다.
　　　 - 침대에서 어머니가 (　　　　).
　　2) 차 안에 친구가 있다.
　　　 - 차 안에 아버지가 (　　　　).
　　3) 할아버지가 빵을 잡수신다.
　　　 - 아기가 빵을 (　　　　).
　　4) 어머니는 집에 계신다.
　　　 - 나는 집에 (　　　　).

제 15 과　교　통

❀ 어휘　Vocabulary

막히다	to be obstructed, be blocked	따로	separately
새벽	dawn, early morning	노선	line
약속	promise, appointment	지하철	subway

☏ 발음　Pronunciation

늦었어요	막혀서요
복잡해요	지하철

영민 : 늦었어요. 죄송합니다.

　　　오래 기다렸지요?

존　 : 아니오, 저도 방금 왔어요. 길이 막혀서요.

영민 : 요즈음은 언제나 길이 막히는 것 같아요.

　　　러시아워가 따로 없어요. 새벽에도 복잡해요.

존　 : 네, 정말 그래요.

　　　그래서 약속 시간을 지키기가 어려워요.

* * * * * * * * * *

영민 : 학교에 올 때 어떻게 오세요?

존　 : 지하철을 타요.

영민 : 버스는 타지 않나요?

존　 : 버스로는 약속 시간을 지키기 어려워요.

　　　그래서 지하철을 타요.

영민 : 오늘도 지하철을 타고 왔나요?

존　 : 네, 오늘도 지하철을 탔어요.

영민 : 지하철 노선은 잘 아세요?

존　 : 네, 처음에는 어려웠는데 지금은 잘 알아요.

　　　오늘은 2호선과 3호선을 탔어요.

☞ 문법 Grammar

1. Expression of uncertainty '-것 같다'

참 재미있는 것 같아요.	It looks very interesting.
좋은 것 같아요.	It seems to be good.
아주 큰 것 같아요.	I think it is very big.
좀 복잡한 것 같아요.	I think it is a little complicated

2. The pattern '-ㄴ(은)' 것 같아요 can be used with any verb and brings out idea of likelihood : looks or seems like.

3. '-같아요' used attached to the noun also brings out an idea of likelihood.

    * Noun ＋ 같다 : It looks like.(Or it seems to be.)

저것이 학교 같아요.	That over there looks like a school.
그분은 학생 같아요.	He seems to be a student.
이것은 교실 같아요.	This seems to be a classroom.

  1) 같아요 attached to nouns shows similarity.

  2) The descriptive verb 같다 means 'is the same'. In this case, the nominal particle of comparison 와/과 is used attached to the compared. 이것은 저것과 같아요. This one is the same as that one.(This one and that one are the same.)

▨ 연습문제 Exercises

1. 다음 중 괄호 속의 문장이 이어질 수 있는 것은 어느 것인가요?

    1)   한국어는 배우기 어렵다.
            한국어는 배우기 어려운 것 같다.
            (그러나 배워보니 쉽다.)

    2)   이 책은 재미있다.
            이 책은 재미있는 것 같다.
            (그러나 읽어보니 재미없다.)

3)   물이 따뜻하다.
     물이 따뜻한 것 같다.
     (그러나 만져보니 차다.)

2. 보기와 같이 두 문장을 한 문장으로 만들어 보세요.

   보기 : 아침에 일찍 일어난다. 건강에 좋다.
        - 아침에 일찍 일어나는 것은 건강에 좋다.

   1) 이 분이 선생님이다. 틀림없다.
      -

   2) 대학에 들어간다. 매우 어렵다.
      -

   3) 불고기가 맛있다. 모두 알고 있다.
      -

   4) 영희가 착한 소녀이다. 나는 알고 있다.
      -

3. 다음 물음에 답하세요.

   1) 지하철을 많이 타세요?
      -

   2) 아침에 길이 복잡해요?
      -

   3) 버스 노선을 잘 아세요?
      -

제 16 과   소　개

✻ 어휘　Vocabulary

친구	friend	가족	family
소개	introduction	수학	mathematics
전공	major	은행	bank
경제학	economics	역사학	history

☏ 발음　Pronunciation

옆	함께
회사원	다닙니다

선 희 : 안녕하세요? 저는 김선희예요.

헬 렌 : 안녕하세요? 저는 헬렌이에요.

그리고, 이 쪽은 앤, 존입니다. 제 친구들이에요.

선 희 : 아, 그러세요? 그러면 저희 가족을 소개하겠습니다.

저희 할아버지, 할머니, 아버지, 어머니이십니다.

그리고 그 옆이 제 동생 만호입니다. 인사하세요.

헬 렌 : 안녕하세요? 반갑습니다. 모두 같이 사십니까?

선 희 : 네, 우리는 모두 함께 삽니다.

* * * * * * * * * *

선 희 : 저는 수학을 전공합니다. 수학은 정말 재미있습니다.

앤 : 저도 수학을 공부했습니다. 그리고 은행에서 일합니다.

준 호 : 저는 수학이 재미없습니다. 국어가 재미있습니다.

아직 전공은 없어요.

아버지 : 저는 회사원입니다. 무역회사에 다닙니다.

제 전공은 경제학이었습니다.

존 : 저는 은행원입니다. 이 은행에서 일합니다.

제 전공은 역사학이었습니다.

☞ 문법 Grammar

1. Possessive of personal pronoun

   1) 너 'you' is used as an informal term of address. 너 'you' is regularly used with the contrast particle -는, whereas 네 'you' must always be used with the subject particle -가. A person addressed as 너 or is always a close friend or an inferior of the speaker.

   2) Comparing to '너', 자네 'you' is a man's word and usually used by older persons in reference to younger persons. However, sometimes it is used between close friends for fun. It is also used in addressing persons of lower social status or inferiors. It is used either with -가 or -는.

▨ 연습문제 Exercises

1. 보기와 같이 두 문장 사이에 알맞은 접속부사를 넣어 보세요.

   보기 : 나는 배가 고프다.
         (그리고) 나는 목이 마르다.

   1) 나는 피곤하다.
      (　　　) 나는 공부를 해야 한다.
   2) 이 꽃은 모양이 예쁘다.
      (　　　) 이 꽃은 향기가 좋다.
   3) 연희는 키가 크다.
      (　　　) 연희는 뚱뚱하다.
   4) 수학은 매우 중요하다.
      (　　　) 수학 공부는 힘들다.

2. 보기와 같이 ( ) 속의 단어를 알맞게 바꾸어서 문장을 다시 쓰세요.

   보기 : 이것은 (너) 옷이다.
      - 이것은 네 옷이다.

1) 이 곳이 (나) 집이다.
   - (   )
2) (저) 특기는 탁구입니다.
   - (   )
3) (너) 책이 어느 것이니?
   - (   )
4) (너) 이름이 무엇이니?
   - (   )

3. 보기의 말들을 이용해서 전공을 말해 보세요.

   보기 : 국어학, 물리학, 사회학, 의학

   1) 우리 한국어 선생님의 전공은 (   )입니다.
   2) 내 동생은 과학을 좋아해서 (   )이 전공이에요.
   3) 의사는 물론 (   )이 전공이지요.
   4) 요즈음은 사회가 복잡해서 (   ) 전공이 많이 필요해요.
   5) 저의 전공은 _____.
   6) 제 친구의 전공은 _____.

제 17 과   한국말

※ 어휘   Vocabulary
배우다 to learn   경복궁   the Kyongbokkung
근처   near, around   비슷하다 to be similar

☏ 발음   Pronunciation
배우러   경복궁
물론이에요   비슷해요

만호 : 어디에 가십니까?
존　　: 학교에 갑니다.

만호 : 학교에 왜 가십니까?
존　　: 한국말을 배우러 갑니다.

만호 : 학교는 어디에 있습니까?
존　　: 학교는 경복궁 근처에 있습니다.

만호 : 학교에 어떻게 가십니까?
존　　: 지하철과 버스를 타고 갑니다.

* * * * * * * * * *

미숙 : 한국말이 영어와 많이 다르지요?
앤　　: 물론이에요. 문법이 많이 달라요.

미숙 : 발음도 다르고 단어도 다르지요?
앤　　: 네, 그렇지만 비슷한 것도 있어요.

미숙 : 어떤 것이 비슷해요?
앤　　: 영어의 many를 한국어로 '많이'라고 해요.

미숙 : 참 재미있군요.

1. The particle -와 / -과 같이 : 'like or as'

The particle -와 / -과 같이 means with or accompanying. This particle -와 / -과 같이 in other situations (depending on the context), however, has the meaning of as or like.

그분은 한국말을 한국 사람과 같이 말해요.
> He speaks Korean (just) as Koreans do.

그 학생을 아들과 같이 사랑해요.
> I love that student like my son.

어제와 같이 일찍 일어나세요.
> Please get up early as you did yesterday.

시간과 같이 중요한 것은 없어요.
> There is nothing so important as time.

2. Verb stems ending in '-르' :

부르(다) 'to sing'
노래를 불렀습니다.	I sang a song.
노래를 불러도 좋아요.	You may sing a song.
노래를 불러야 해요.	You must sing a song.
노래를 불렀기 때문에.	Because you sang a song.

1) When, the verb stem ending in -르 is followed by the vowel 어 and at the same time preceded by the vowel -아(-어) or -오 (-우), the final syllable -르 is changed into -라(-러) and the consonant -ㄹ is doubled.

고르(다)	to choose
골랐습니다.	I chose (it).
골라 보세요.	Try to choose, please.
골라도 좋습니다.	You may choose.
골라야 합니다.	You must choose.

2) When the verb stem is followed by a consonant or a vowel other than -어, no such change takes place.

고르지 마십시오.	Please don't choose (it).
고르겠습니다.	I'll choose (it).
고르자.	Let's choose (it).
고르지 않았습니다.	I didn't choose (it).

▨ 연습문제   Exercises

1. 보기와 같이 다음 단어들을 문장 속에서 변화시켜 보세요.

   보기 : '모르다'
   - 나는 철수를 잘 (몰랐다.)
   - 나는 철수를 (몰라서) 실수를 했다.

   1) '오르다'
      어머니는 언니와 함께 뒷동산에 (   ).
   2) 흐르다
      세월이 너무 빨리 (   ) 아쉽다.
   3) 따르다
      영희는 어머니를 (   ) 학교에 갑니다.

2. 보기와 같이 ( ) 속에 주어진 단어로 문장을 만들어 보세요.

   보기 : (남자, 여자, 다르다)
   - 남자와 여자는 다르다.

   1) (서울, 부산, 다르다)
   -

   2) (가르치는 것, 배우는 것, 다르다)
   -

   3) (은희, 철수, 결혼하다)
   -

   4) (언니, 동생, 비슷하다)
   -

제 18 과   출 근

❀ 어휘   Vocabulary

일찍이	early	아내	wife
약사	pharmacist	선생	teacher
만나다	to meet	극장	theater
영화	movie		

☎ 발음   Pronunciation

선생님	가르칩니다
친구	저희
만났습니다	안방

영환 : 아침 일찍이 어디 가십니까?

앤　 : 은행에 갑니다.

영환 : 은행에 이렇게 일찍 가십니까?

앤　 : 저희는 은행에서 일합니다. 제 남편도 은행원입니다.
　　　최선생님은 무슨 일을 하십니까?

영환 : 저는 학교에서 가르칩니다. 국어 선생입니다.
　　　그리고 제 아내는 약사입니다.

앤　 : 아, 그러세요? 한국말 좀 가르쳐 주세요.

영환 : 네, 그러지요. 가끔 놀러 오세요.

＊ ＊ ＊ ＊ ＊ ＊ ＊ ＊ ＊ ＊

존　 : 어제는 무엇을 하셨습니까?

영환 : 친구를 만났습니다.
　　　그리고 영화를 보았습니다.

존　 : 어느 극장에 가셨습니까?
　　　서울에는 극장이 많습니다.

영환 : 네, 저희는 안방 극장에서 영화를 보았습니다.

존　 : 안방 극장이오?
　　　그 극장은 어디에 있습니까?

영환 : 저희 집에 있습니다.
　　　안방 극장은 텔레비전이라는 뜻입니다.

☞ 문법 Grammar

1. Usage of the word 선생(님):

The original meaning of 선생 is "someone born earlier," or "an elder," but nowadays this word usually refers to teachers (who are traditionally older than their students in Korea). As elders are generally considered deserving of respect in East Asian society, the honorific 선생님 is much more common than the plain 선생, and is *always* used when addressing one's own teacher. However, when one teacher addresses another teacher, when someone of higher status (the teacher's boss, parents-in-law, etc.) addresses a teacher, or a teacher refers to himself, the plain form 선생 is used.

1) 박선생, 별일 없지? How are you, Mr. Park? (<u>not</u> spoken by a student)

2) 저는 한국어 선생입니다. I am a Korean (language) teacher.

▨ 연습문제 Exercises

1. 보기와 같이 주어진 단어로 만들어 보세요.

보기 : 저것, 우리 학교

    - 저것이 우리 학교이다.

1) 그, 그의 학급, 언제나, 일등

    -

2) 너, 중학생, 나, 고등학생

    -

3) 어제, 수요일, 오늘, 목요일

    -

2. 보기와 같이 바꾸어 써 보세요.

보기 : 나는 학생이다. 나는 열심히 공부한다.

    - (학생인) 나는 열심히 공부한다.

1) 영희는 한국인이다. 영희는 조국을 사랑한다.

    -

2) 철수는 교사였다. 철수는 아직도 학생들을 좋아한다.

    -

3) 그는 무엇을 하든지 첫째이다. 그는 겸손하다.

    -

3. 다음 문장들을 바르게 고쳐 써 보세요.

1) 저는 선생님입니다.
   -

2) 저희는 은행에 일해요.
   -

3) 제 친구가 집에 오셨어요.
   -

4) 윤희는 도서관에서 있어요.
   -

4. ( ) 안에 알맞은 단어를 보기에서 골라 쓰세요.

보기 : 무슨, 어느

1) (   ) 일이 있어요?
2) (   ) 것을 좋아하세요?
3) (   ) 차로 드릴까요?
4) (   ) 책이 좋을까요?
5) (   ) 쪽으로 가야 해요?

♬노래를 불러봅시다.   Let's sing a song

텔레비전

제 19 과 은 행

❀ 어휘   Vocabulary

요일	day of the week	달력	calendar
틀리다	to be wrong	예금	deposit
이자	interest(on a loan)	신청서	application form
도장	stamp		

☎ 발음   Pronunciation

달력	월요일
싫은데요	저축예금
앉아	

선 희 : 오늘이 무슨 요일입니까?
은행원 : 월요일입니다.

선 희 : 그러면 5월 13일 월요일이군요.
은행원 : 아닙니다. 6월 18일입니다.
　　　　저것은 5월 달력입니다.

선 희 : 제가 틀렸군요.
　　　　그런데 왜 지난 달 달력이 있지요?
은행원 : 죄송합니다. 곧 바꾸겠습니다.

* * * * * * * * * *

선 희 : 예금을 하고 싶은데요.
은행원 : 보통예금을 하시겠습니까?

선 희 : 저축예금을 하고 싶어요.
은행원 : 그러세요. 저축예금이 보통예금보다 이자가 많아요.
　　　　이 신청서를 쓰세요.

선 희 : 신청서를 다 썼는데요.
은행원 : 도장을 주시고 잠깐 기다려 주세요.

선 희 : 네. 저기 앉아 있겠어요.

☞ 문법   Grammar

1. The suppositional infix -겠-

Generally, the intentional infix -겠-, stating or asking for the subject's intention, planning or schedule. The infix -겠- in other situations, however, has the meaning of supposition or conjecture.

저 책이 좋겠어요.	I suppose that book over there is good.
오후에 비가 오겠어요.	It will (probably) rain in the afternoon.
그애가 학생이겠어요.	I think he is a student.
그분이 벌써 가셨겠어요.	I suppose (-겠-) he must have (-았-) gone already.

2. The intentional infix -겠-
Statements

집에 가겠어요.	I intend to go home.
한국말을 공부하겠어요.	I will study Korean.
한국말을 가르치겠어요.	I intend to teach Korean.

Questions

무엇을 하시겠어요?	What do you intend to do?
여기에 오시겠어요?	Will you be here?
한국말을 공부하시겠어요?	Will you study Korean?

3. The Verb stem ＋ -아(-어,-여)야겠어요 : will (probably) have to.

빨리 가야겠어요.	I will (probably) have to go quickly.
한국말을 공부해야겠어요.	I will (probably) have to study Korean.
기차로 와야겠어요.	I will (probably) have to come by train.
그분은 일찍 주무셔야겠어요.	He will (probably) have to sleep earlier.

1) Pay special attention to the co-occurrence of the two infixes -았- (past tense) and -겠- (suppositional infix) as illustrated above in the last example.

2) While the intentional infix -겠- is used only with action verbs and 있, the suppositional infix -겠- may be used with any verb.

The subject is usually the third person.

▨ 연습문제　Exercises

1. 다음 두 문장의 뜻의 차이를 알아 보세요.

　보기 : 지금 비가 온다.
　　　　-지금은 비가 오겠다.

　1) 너는 그 일을 할 수 있다.
　　　-너라면 그 일을 할 수 있겠다.
　2) 내일 서울에 도착하겠지?
　　　-내일 서울에 도착하도록 하겠다.
　3) 지금은 광주에도 눈이 온다.
　　　-지금은 광주에도 눈이 오겠다.

2. 보기와 같이 실문에 답해 보세요.

　보기 : 오늘은 무슨 요일입니까?
　　　　-오늘은 수요일입니다.

　1) 어제가 금요일이었으면 모레는 무슨 요일이겠습니까?
　　　-

　2) 오늘은 목요일입니다. 나흘 후는 무슨 요일이겠습니까?
　　　-

　3) 10월 3일은 수요일입니다. 10월 7일은 무슨 요일이겠습니까?
　　　-

제 20 과   시   간

❈ 어휘   Vocabulary

오후	afternoon	별로	not very, not much
바깥	outside	춥다	to be cold, chilly
바람	wind	얼음	ice
저녁	evening		

☎ 발음   Pronunciation

벌써   바깥

앉았습니다

영　　환 : 김선생님 계십니까?

어머니 : 안 계십니다. 아직 안 오셨습니다.

영　　환 : 언제쯤 오십니까?

어머니 : 보통 오후 6 시쯤에 오십니다.

영　　환 : 지금이 벌써 7시 10 분 전입니다.

　　　　　6 시에서 벌써 50 분이나 지났습니다.

어머니 : 가끔 늦으십니다. 어제는 6 시 반에 오셨습니다.

　　　　　앉아서 조금 기다리세요.

* * * * * * * * * *

아버지 : 아버지, 어머니, 다녀왔습니다.

　　　　　여보, 다녀왔소.

어머니 : 어서 오세요. 최선생님께서 오셨어요.

아버지 : 많이 기다리셨습니까? 죄송합니다.

영　　환 : 아닙니다. 별로 많이 기다리지 않았어요.

어머니 : 바깥 날씨가 어때요?

아버지 : 추워요. 바람이 불고 얼음도 얼었어요.

　　　　　자, 최선생님, 이리 앉읍시다.

어머니 : 우선 커피 한 잔 하세요.

　　　　　곧 저녁을 차리겠어요.

☞ 문법　Grammar

1. Classifiers :

    In the English expression four sheets of paper, two head of cattle, and a pitcher of milk, the words sheets, head and pitcher tell us something about the nature of the things being counted and the unit used for measuring. These words are classifiers. In Korean there are many of them. Most are used with the Korean numerals, only a few with the Chinese numerals. In the list given below notice the shape some numerals take when occuring before certain classifiers.

한 시	두 시	세 시	네 시	o'clock
한 시간	두 시간	세 시간	네 시간	hour
한 번	두 번	세 번	네 번	times
한 살	두 살	세 살	네 살	year
한 갑	두 갑	세 갑	네 갑	pack (of cigarettes, etc.)
한 사람	두 사람	세 사람	네 사람	people (plain)
한 분	두 분	세 분	네 분	people (honorific)
한 마리	두 마리	세 마리	네 마리	animal, fish
한 권	두 권	세 권	네 권	**bound, volume**
한 채	두 채	세 채	네 채	house

▨ 연습문제　Exercises

1. 보기와 같이 문장을 만들어 보세요.

보기 : 9시 15분
　　　- 아홉 시 십오 분입니다.
　　　- 아홉 시에서 십오 분이 지났습니다.

1) 3시 45분

　-

　-

2) 12시

　-

3) 11시 50분

    -

    -

4) 2시 25분

    -

    -

☯ 보충 자료   Supplement

* Traditional Time-keeping in East Asia

Before the advent of the 24 hour Western system of time-keeping, East Asians divided the day into twelve equal parts, called "시" and each given the name of a different animal.

These animal names are also used in the same order to refer to the years. 1992 is the year of the monkey. One way to ask a person's age is to ask in which year they were born(what '띠' they are). The person responds with the Korean name of the animal plus the word '띠'(e.g.1996=쥐띠)

'Zodiac' signs			Time of day		Year	
자	쥐	mouse	자시	23 − 1시	쥐해	1972, 1984, ⋯
축	소	cow	축시	1 − 3시	소해	1973, 1985, ⋯
인	범	tiger	인시	3 − 5시	범해	1974, 1986, ⋯
묘	토끼	rabbit	묘시	5 − 7시	토끼해	1975, 1987, ⋯
진	용	dragon	진시	7 − 9시	용해	1976, 1988, ⋯
사	뱀	snake	사시	9 −11시	뱀해	1977, 1989, ⋯
오	말	horse	오시	11 −13시	말해	1978, 1990, ⋯
미	양	sheep	미시	13 −15시	양해	1979, 1991, ⋯
신	원숭이	monkey	신시	15 −17시	원숭이해	1980, 1992, ⋯
유	닭	chicken	유시	17 −19시	닭해	1981, 1993, ⋯
술	개	dog	술시	19 −21시	개해	1982, 1994, ⋯
해	돼지	boar	해시	21 −23시	돼지해	1983, 1995, ⋯

제 21 과　음　식

※ 어휘　Vocabulary

진지	meal, dinner	찌개	stew
잡채	chop suey[sooy]	솜씨	skill, deftness
맵다	to be hot, spicy	젓가락	chopsticks
나중	after, later		

☏ 발음　Pronunciation

천천히　　굉장히

맵습니다

만호　　　　: 할아버지, 진지 잡수세요.
할아버지 : 오냐, 어서 먹자.

만호　　　　: 어머니, 밥 좀 빨리 주세요.
어머니　　: 그래, 여기 있다. 천천히 먹어라.

아버지　　: 어머니, 이것 좀 잡수세요.
할머니　　: 그래, 찌개가 아주 맛있구나.

만호　　　　: 잡채도 맛있어요.
　　　　　　　어머니는 음식 솜씨가 참 좋아요.

* * * * * * * * * *

선희 : 어떤 음식을 좋아하세요?
앤　 : 무엇이든지 잘 먹습니다.

선희 : 한국 음식을 좋아하세요?
앤　 : 네, 굉장히 좋아합니다.
　　　그렇지만 아주 맵습니다.

선희 : 한국 음식을 자주 드세요?
앤　 : 점심으로 한국 음식을 자주 먹습니다.

선희 : 댁에서는 한국 음식을 안 드세요?
앤　 : 네, 저희 집에서는 한국 음식을 먹을 수가 없어요.
　　　젓가락이 없어요.

선희 : 나중에 제가 드릴게요.

☞ 연습문제 Exercises

1. 다음 보기와 같이 문장을 만들어 보세요.

　보기 : 여기에, 앉다 (딸이 어머니에게)
　　　　 - 어머니, 앉으세요.

　1) 이리, 오다 (아버지가 딸에게)
　　 -

　2) 빨리, 모이다 (선생님이 학생들에게)
　　 -

　3) 집에, 같이 가다 (친구에게)
　　 -

2. 두 문장 중에서 올바른 것을 고르고, 그 이유를 생각해 보세요.

　1)　영희야, 선생님께서 오시라고 해.
　　　영희야, 선생님께서 오라고 하셔.
　2)　선생님, 가방이 무거우시죠?
　　　선생님, 가방이 무겁죠?
　3)　김군, 혼자 왔나?
　　　김군, 혼자 왔습니까?
　4)　할아버지, 만호가 지금 돌아왔습니다.
　　　할아버지, 만호가 지금 돌아오셨습니다.
　5)　댁에 약이 계시죠?
　　　댁에 약이 있죠?

◐ 보충 자료 Supplement

* 한국의 가족 관계 (2) : 한국의 가족 관계를 나타내는 말을 제1과에 이어서 공부해 보자. 한국어에는 영어에서 같은 말로 나타내는 것을 달리 쓰는 경우가 많다.(제1과 보충 자료 참고)

* Names for Family Relationships(Ⅱ)

As mentioned in Lesson 1, words denoting family relations are quite highly developed. The following words all correspond to the English word 'aunt' and 'uncle' respectively :

영어의 aunt에 해당하는 말 : (총칭) 아주머니

아버지의 형의 부인 Father's older brother's wife	큰어머니, 백모
아버지의 동생의 부인 Father's younger brother's wife	작은어머니, 숙모
아버지의 누나, 여동생 Father's sister	고모
어머니의 언니, 여동생 Mother's sister	이모
어머니의 남자 형제의 부인 Mother's brother's wife	외숙모

영어의 uncle에 해당하는 말 : (총칭) 아저씨

아버지의 형 Father's older brother	큰아버지, 백부
아버지의 동생 Father's younger brother	작은아버지, 숙부, 삼촌
고모의 남편 Father's sister's husband	고모부
어머니의 남자 형제 Mother's brother	외삼촌, 외숙부
이모의 남편 Mother's sister's husband	이모부

제 22 과   계 절

※ 어휘   Vocabulary

계절	season	불편하다	to be uncomfortable
따뜻하다	to be warm	덥다	to be hot
수영	swimming	시원하다	to be cool

☎ 발음   Pronunciation

변화	뚜렷하다
따뜻한	왜

헬　렌 : 날씨가 좋군요. 한국의 날씨는 늘 좋은가요?

미　숙 : 네, 한국은 날씨가 참 좋아요.

　　　계절의 변화가 뚜렷하고, 각 계절마다 좋은 점이 많아요.

　　　영국의 날씨는 어때요?

헬　렌 : 영국의 날씨는 지역에 따라 차이가 많습니다.

　　　그러나 제가 사는 곳의 날씨는 한국의 날씨와 비슷합니다.

미　숙 : 그러면 한국 생활이 덜 불편하시겠군요.

헬　렌 : 그렇지요. 아, 저기 버스가 와요.

미　숙 : 먼저 타세요.

＊ ＊ ＊ ＊ ＊ ＊ ＊ ＊ ＊ ＊ ＊

헬　렌 : 봄, 여름, 가을, 겨울 중에서 어느 계절을 좋아하세요?

미　숙 : 추운 겨울을 좋아해요.

　　　그렇지만, 따뜻한 봄도 좋아해요.

　　　어느 계절을 가장 좋아하세요?

헬　렌 : 저는 더운 여름이 좋아요.

　　　여름에는 수영을 할 수 있어요.

　　　그렇지만 시원한 가을도 좋아해요.

　　　그런데, 왜 겨울을 좋아하세요?

미　숙 : 저는 스키를 좋아해요.

　　　겨울에는 스키를 즐길 수 있어요.

☞ 문법   Grammar

1. The potential -ㄹ(을) 수(가) 있다 : 'can do so-and-so', 'so-and-so can do'

점심을 먹을 수(가) 있습니다.   I can eat lunch.
지금 갈 수(가) 없습니다.   I can't go now.
저도 여기에 있을 수(가) 있습니다.   I can stay here, too.
저도 여기에 있을 수(가) 없습니다.   I can't stay here, either.

1) The potential -ㄹ(을) 수(가) 있다 is used with action verbs as well as with the verb 있- and indicates possibility of an action or state. Its negative form is -ㄹ(을) 수(가) 없다. The particle -가 after 수- is optional.

2) -을 수(가) 있다/없다 after verb stems ending in a consonant : ㄹ 수(가) 있다/없다 after verb stems ending in a vowel.

3) The tense is normally expressed in the final verb 있다. See the following examples :

저는 그때 갈 수(가) 있었어요.   I was able to go at that time.
그분이 이것을 할 수(가) 있을 거예요. He is probably able to do this.
그분이 갈 수(가) 있겠지요.   I think he can go.

▦ 연습문제   Exercises

1. 보기와 같이 다음 문장들을 바꾸어 보세요.

보기 : 영희는 공부를 한다.
       - 영희는 공부를 할 수 있다.

1) 나는 한국 신문을 읽는다.
   -
2) 철수는 그 일을 잘 한다.
   -
3) 그것을 동생이 할까요?
   -

2. 보기와 같이 ( )의 말에 '-겠-'을 넣어 문장을 다시 써 보세요.

보기 : 내일 날씨가 (좋다).
      - 내일 날씨가 좋겠어요.

1) 영수는 서울에 (있다)
   -

2) 내일은 눈이 (오다).
   -

3) 그는 어제 이미 부산에 (도착했다).
   -

4) 언니를 보니 동생도 (예쁘다).
   -

3. 다음 물음에 답해 보세요.

1) 어느 계절을 가장 좋아하세요?
   -

2) 여름에는 무엇을 하세요?
   -

3) 겨울도 좋아하세요?
   -

4) 봄에는 기분이 어떠세요?
   -

제 23 과   약 국

※ 어휘   Vocabulary

편찮다	to be ill, sick (hon.)	아프다	to be painful
다치다	to get hurt	주무시다	to sleep(hon.)
감기	cold	기침	cough
약	drug	의료보험증	medicare card

☎ 발음   Pronunciation

편찮으세요   갑자기

알겠어요   약값

얼마인가요

미숙 : 안녕하세요? 어디가 편찮으세요?
선희 : 이상하게 갑자기 눈이 아파요.

미숙 : 눈을 다치셨어요?
선희 : 아니요, 그렇지 않아요.

미숙 : 어제 못 주무셨어요? 아니면, 감기에 걸리셨나요?
선희 : 어제 숙제가 많았어요. 그래서 못 잤어요.
　　　 그리고 기침도 하고 머리도 아파요.

미숙 : 제가 약을 좀 지어 드릴까요?
선희 : 네, 고맙습니다.

* * * * * * * * *

미숙 : 여기 약이 있어요.
선희 : 이 약을 어떻게 먹나요?

미숙 : 이것은 식사 후에 드세요.
　　　 그리고, 이것은 눈이 아플 때에 눈에 넣으세요.
선희 : 알겠어요. 그러면 좀 나을까요?

미숙 : 곧 나을 거예요. 집에 가서 좀 쉬세요.
선희 : 약값이 모두 얼마인가요?

미숙 : 의료보험증이 있으면 1,400원입니다.
선희 : 여기 있어요.

미숙 : 네, 고맙습니다.

☞ 문법   Grammar

1. The indirect discourse -고 하다 : "one says that"

It is not difficult to understand this pattern -고 하다 which is usually attached to the plain style to express indirect discourse (except in a few cases, e.g., in the case of the verb of the identification -이- in the present tense and imperative form). Some quotations repeat the exact words of the original speaker. However, a Korean quotation, particularly in the informal style, usually gives the gist of what is or was said, from the point of view of the person reporting the quotation. The quotation does retain the tense of the original.

* The declarative indirect discourse form :

1) 학교에 갔다고 합니다.   He says he went to school.
2) 학교에 가겠다고 합니다.   He says he will go to school.
3) 그분이 학생이라고 합니다.   He says he is a student.
4) 그분이 학생이었다고 합니다.   He says he was a student.

Note :

The -(이)라고 하다 shape of this ending occurs only in one case with the copula -이- in the present tense (-라고 하다 after nominals ending in a vowel ; -이라고 하다 after nominals ending in a consonant). In all other cases the ending -고 하다 is attached directly to the plain declarative form of the verb.

▨ 연습문제   Exercises

1. ( )에 들어 갈 단어를 보기에서 골라서 문장을 완성해 보세요.

보기 : 제발, 설마, 혹시, 이리, 저리

1) (   ) 비가 왔으면 좋겠다.
2) (   ) 네가 거짓말을 했겠니?
3) (   ) 와서 자세히 말해 봐.
4) (   ) 선희씨 아니세요?

5) (　　　) 가서 앉아라.

2. 보기와 같이 문장을 바꾸어 써 보세요.

　보기 : 윤희는 감기에 걸렸어요.
　　　　　윤희는 머리가 아파요
　　　　- 윤희는 감기에 걸려서 머리가 아프다고 해요.

　1) 선희는 책을 오래 읽었어요.
　　　선희는 눈이 아파요.
　　　-

　2) 만호는 어제 테니스를 쳤어요.
　　　만호는 팔이 아파요.
　　　-

　3) 제인은 말을 너무 많이 했어요.
　　　제인은 목이 아파요.
　　　-

3. 보기와 같이 두 문장을 한 문장으로 고쳐 써 보세요.
　보기 : 약을 잡수세요. 쉬세요.
　　　　- 약을 잡수시고 쉬세요.

　1) 이 책을 읽으세요. 다시 오세요.
　　　-

　2) 번호를 잘 보세요. 버스에 타세요.
　　　-

제 24 과   버 스

※ 어휘   Vocabulary

공항	airport	서울역	Seoul Station
걸리다	to take(time)	맞다	to be right
정류장	station	건너다	to go across, go over

☎ 발음   Pronunciation

공항	걸립니까
맞습니다	정류장

존　　: 공항까지 어떻게 갑니까?

만호 : 서울역에서 공항 버스를 타세요.

존　　: 그러면 시간이 얼마나 걸립니까?

만호 : 한 시간쯤 걸립니다.

존　　: 여기서 서울역까지는 어떻게 갑니까?

만호 : 지하철을 타세요.

존　　: 고맙습니다.

＊ ＊ ＊ ＊ ＊ ＊ ＊ ＊ ＊

존　　: 여기서 공항 버스를 타면 됩니까?

아저씨 : 아니오, 여기는 공항 버스가 없습니다.

존　　: 여기가 서울역이 맞습니까?

　　　　서울역에 공항 버스가 있다고 들었습니다.

아저씨 : 이곳은 서울역이 맞습니다.

　　　　그렇지만 서울역에는 정류장이 여러 곳입니다.

존　　: 그러면 저 50번 버스를 타도 공항까지 갑니까?

아저씨 : 아니오, 건너가서 600번 버스를 타세요.

☞ 문법 Grammar

1. The interrogative indirect discourse form :

　　1) 학교에 가느냐고 합니다. He asks if you(he,she) go to school.
　　2) 학교에 갔느냐고 합니다. He asks if you(he,she) went to school.
　　3) 그분이 누구냐고 합니다. He asks who that person is.

Note :

　　To express the interrogative indirect discourse, the pattern -고 하다 is attached dirrectly to the plain question form of the verb.

2. The propositive indirect discourse form :

　　1) 학교에 가자고 합니다.　　He says, "Let's go to school".
　　2) 점심을 먹자고 합니다.　　He says, "Let's eat lunch".
　　3) 집에 있자고 합니다.　　He says, "Let's stay home".

Note :

　　To express the propositive indirect discourse, the pattern -고 하다 is attached directly to the plain question form of the verb. :

3. The imperative indirect discourse form :

　　1) 학교에 가라고 합니다.　　He says, "Go to school".
　　2) 점심을 먹으라고 합니다.　　He says, "Eat lunch".
　　3) 한국말을 공부하라고 합니다. He says, "Study Korean".
　　4) 교실에서 기다리라고 합니다. He says, "Wait in the classroom".

Note :

① As far as the imperative indirect discourse is concerned, -고 하다 is not attached to the plain imperative forms.
② To express the imperative indirect discourse, -(으)라고 하다 is attached to the verb stem.
③ -라고 하다 after verb stems ending in a vowel ; -(으)라고 하다 after verb stems ending in a consonant.

4. Now let's compare the plain imperative forms with the imperative

indirect discourse, particularly noting the vowel changes.

Plain imperative forms :   Imperative indirect discourse forms :

점심을 먹어라.   점심을 먹으라고 합니다.

옷을 입어라.   옷을 입으라고 합니다.

5. Another (polite) imperative indirect discourse form :

1) 그것 좀 보여 달라고 합니다.   He says, "Show me that, please.

2) 한국말을 가르쳐 달라고 합니다.

                 He says, "Teach me Korean, please".

Note :

The pattern -고 하다 is attached directly to the plain imperative form of the verb 달라.

▨ 연습문제   Exercises

1. 보기와 같이 바꾸어 써 보세요.

보기 : 철수가 옳아.

      - 나는 "철수가 옳아"라고 말했다.

      - 나는 철수가 옳다고 말했다.

1) 이 근처에 버스 정류장이 있습니까?

    - 낯선 사람이/물었다. :

    - 낯선 사람이/물었다. :

2) 왼쪽 길이 시청으로 가는 길이다.

    - 철수는/말했다. :

    - 철수는/말했다. :

3) 불이야!

    - 길가던 사람이/외쳤다. :

    - 길가던 사람이/외쳤다. :

4) 아내의 마음씨가 곱다.

    - 그는/자랑했다. :

    - 그는/자랑했다. :

2. 서울 지도를 보고 올바른 문장에 ○표 하세요.

   1) 서울에는 북한산이 있다. (   )
   2) 서울역은 용산구에 있다. (   )
   3) 중구와 용산구는 가깝다. (   )
   4) 한강에는 다리가 일곱 개 있다. (   )
   5) 서울에서도 해수욕을 할 수 있다. (   )

☯ 보충 자료   Supplement
   타다의 의미 : '타다'라는 동사는 여러 의미로 사용된다.
   Different meaning of the verb '타다'
1.1) 불이 붙어 벌겋게 되다.(to burn)
      예) 장작이 타다.
1.2) 몹시 걱정이 되다.(to be anxious)
      예) 속이 타다
1.3) 살갗이 햇볕에 그을다.(to be sun-tanned)
      예) 해수욕으로 온 몸이 고루 타다
2.1) 탈 것에 몸을 싣다.(to ride in)
      예) 버스를 타다
2.2) (스케이트나 썰매로) 미끄러져 달리다.(to slide)
      예) 썰매를 타다
3.1) 어떤 몫을 받다.(to be paid)
      예) 월급을 타다
3.2) 잘해서 상을 받다(to win a prize)
      예) 상을 타다
3.3) 물 속에 섞어 풀다.(to mix with a liquid)
      예) 커피를 타다   One makes coffee.

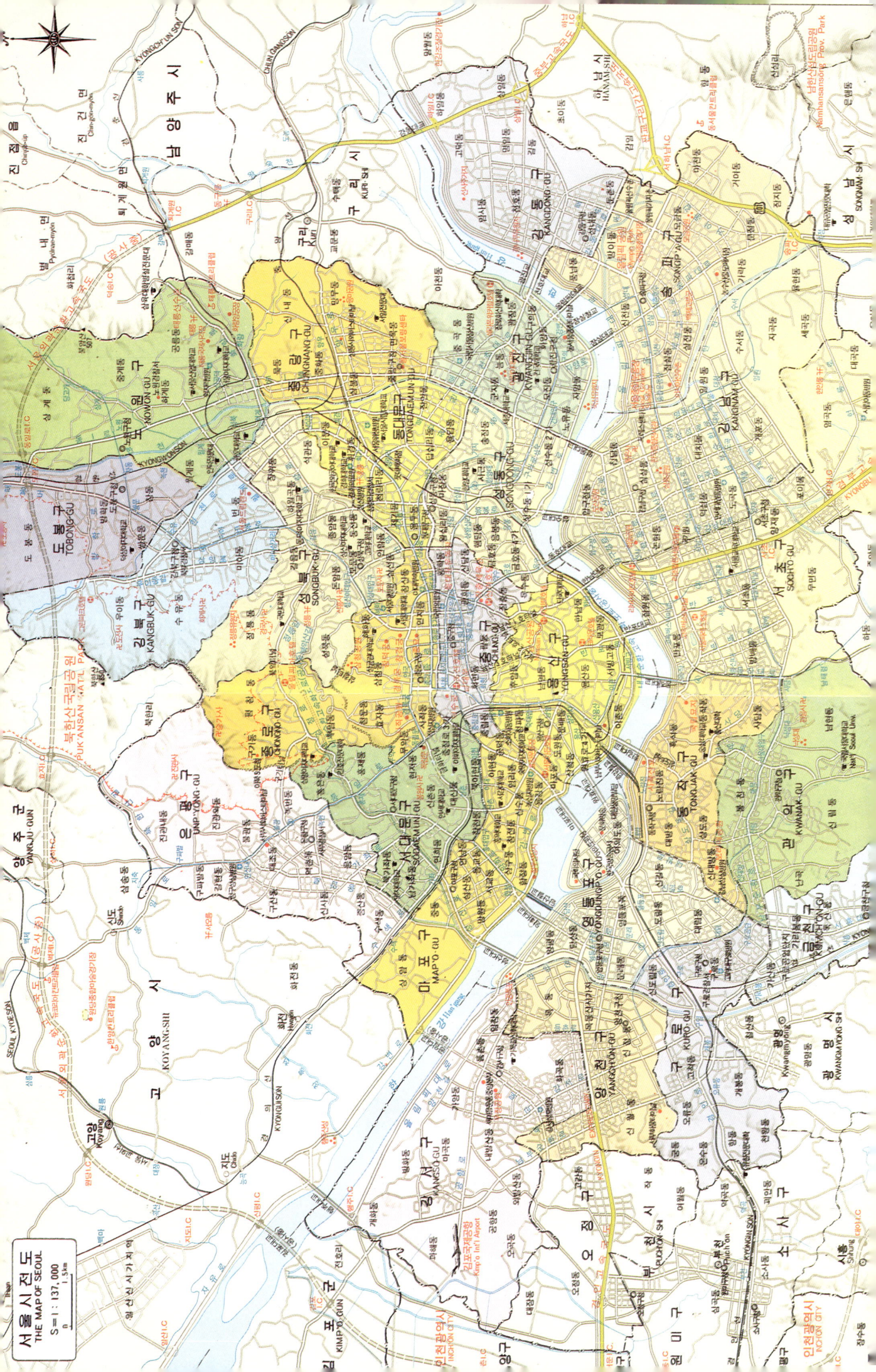

제 25 과 한 복

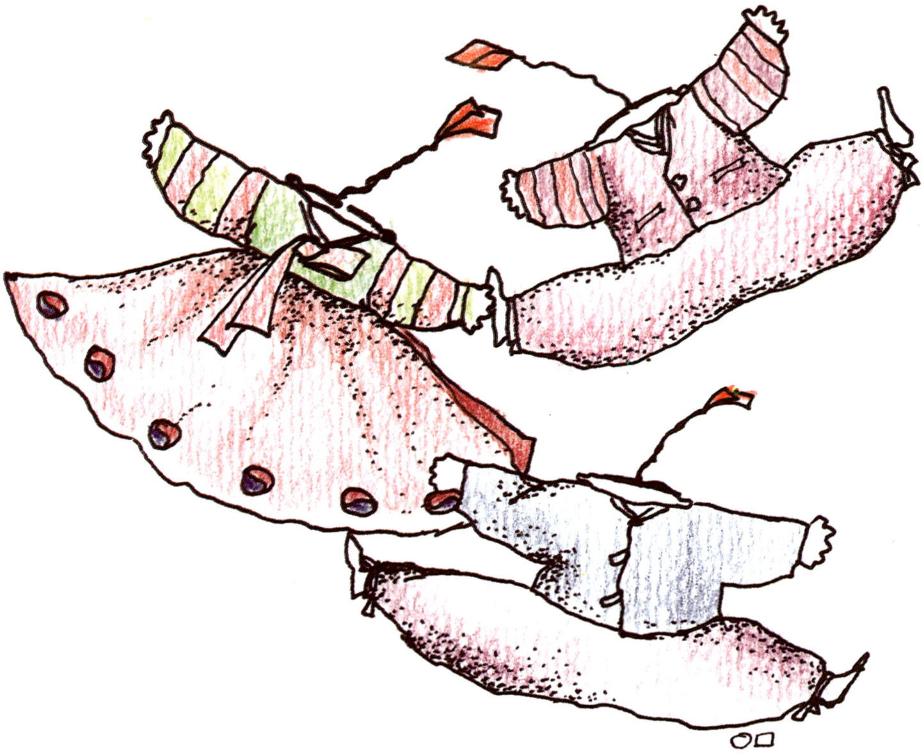

❀ 어휘 Vocabulary

한복	Korean traditional clothes	저고리	Korean trad. jacket
치마	skirt	양복	a suit of clothes
어울리다	to go with	입다	to put on
명절	festive day	양말	socks
버선	Korean trad. socks	두루마기	Korean trad. coat

☏ 발음 Pronunciation

옷입니까
한복
어울릴까요
아름답군요
물론

앤　 : 이것이 한국 옷입니까? 참 아름답군요.
선희 : 네, 이것이 한복이에요.

앤　 : 이것은 뭐예요? 블라우스인가요?
선희 : 여기 이것이 저고리이고 이것이 치마예요.

앤　 : 아, 그렇군요. 양복하고는 다르군요.
선희 : 물론 다르지요.

앤　 : 한국 사람은 주로 한복을 입습니까?
선희 : 옛날에는 한국 사람이 모두 한복을 입었습니다.
　　　요즈음은 양복을 많이 입지만, 명절에는 한복을 많이 입
　　　어요.

＊ ＊ ＊ ＊ ＊ ＊ ＊ ＊ ＊ ＊

앤　 : 저도 한복을 입고 싶어요.
　　　그런데, 한복이 저에게 어울릴까요?
선희 : 그러면 우선 제 한복을 입어 보세요.
　　　치마를 먼저 입고 저고리를 입으세요.

앤　 : 이것은 뭐예요? 양말인가요?
선희 : 그것은 버선이라고 해요. 양말과 같은 것이에요.

앤　 : 남자 한복은 여자 한복과 다르지요?
선희 : 그래요. 남자들은 저고리와 바지를 입어요.

앤　 : 한복을 입으면 겨울에 춥지 않아요?
선희 : 두루마기를 입으면 춥지 않아요.

☞ 문법 Grammar

1. The conditional conjunctive ending V.S. + -(으)면 : "if"

  1) 선생님이 가면, 저도 가겠어요.

    If the teacher goes, I will go, too.

  2) 그것이 좋으면, 삽시다.

    If it is good, let's buy it.

  3) 그분이 시계를 사면, 나는 자동차를 사겠어요.

    If he buys a watch, I'll buy a car.

  4) 돈이 있으면, 좀 빌려 주세요.

    If you have money, lend me some please

  5) 그분이 한국 사람이면, 한국말로 말하세요.

    If he is Korean, speak to him in Korean.

Notes :

① The conditional form -(으)면 corresponds to the English "if", but it is never equivalent to "whenever". It regularly refers to a single instance. It may be used with any verb and any form.

② The subject of the if-clause, if different from that of the main clause, usually takes the particle -이/-가. If both subjects are the same, the particle added to the subject of the if-clause is -은/-는.

그분이 오시면, 가세요.   If he comes, please go.

나는 그분을 만나면, 가겠어요.   If I meet him, I will go.

③ In Korean the dependent clause precedes the main clause, while in English the order can be either way.

2. Nominal + -(이)라면 :

  1) 불고기라면, 먹고 싶어요.

    If you mean pulgogi, I'd like to eat it

  2) 한국 사람이라면, 만나겠어요.

    If you mean Korean people, I'll meet them.

  3) 한국 음식이라면, 무엇이라도 먹겠어요.

    If you mean Korean food, I'll eat anything.

Notes :

① The pattern nominal+ -(이)라면 ends a dependent clause and is followed by a main clause. The pattern corresponds to English "if one(you) means such and such".

② -라면 after nominals ending in a vowel ; -이라면 after nominals ending in a consonant.

3. V.S. + -(으)라면 : 'if one tells someone to do so-and-so'

  1) 가라면, 가세요.

    If I tell you to go, then (you) go.

  2) 오라면, 오세요.

    If I tell you to come, then (you) come.

  3) 이것을 먹으라면, 먹겠습니다.

    If you tell me to eat this, then I'll eat it.

  4) 이 자동차를 고치라면, 고치겠어요.

    If you tell me to repair this car, then I'll repair it.

Notes :

① Non-final ending -(으)라면 used only with action verbs, ends a dependent clause and is followed by main clause. The English equivalent of this pattern is "If one tells someone to do so-and-so".

② -(으)라면 is a contraction of -(으)라고 하면. The verb with -(으)라면 is repeated in the main sentence.

③ The tense is regularly expressed in the final clause, not in the dependent clause with -(으)라면. See the following examples :

가라면, 가세요.   If I tell to go, then (you) go.

가라면 가겠어요. If you tell me to go, then I'll go.

④ -라면 after verb stems ending in a vowel ; -으라면 after verb stems ending in a consonant.

1. 보기와 같이 문장을 만들어 보세요.

보기 :   여름에 휴가를 받는다.
        하와이에 갈 것이다.
       - 여름에 휴가를 받으면, 하와이에 갈 것이다.

1)   내년에 졸업한다.
    은행에 들어갈 것이다.

    -

2)   내가 못 간다.
    네가 나 대신 그 일을 해야 할 거야.

    -

3)   너와 함께 경주에 갔다.
    참 즐거웠을 것이다.

    -

4)   네가 나다.
    너는 나를 이해할 수 있을텐데.

    -

◐ 보충 학습   Supplement
 * 한복의 옷차림   Korean Costume

Appendices

* English Translations of the Main Texts
* Vocabulary
* Grammatical Items

Lesson 1. GREETINGS

Professor : How have you been these days?
Ann   : I've been well.

Professor : It's been a long time since we last met, has'nt it?
Ann   : Yes, it's been a long time. How long has it been?

Professor : One year.
Ann   : Has anything unsual happened to you during that time?

Professor : No, nothing unusal has happened.

* * * * * * * *

Ann   : Your children are healthy, aren't they?
Professor : Yes, (they are) all healthy.

Ann   : How old is your oldest child?
Professor : Our oldest child is six years old.

Ann   : Is your youngest child also a son?
Professor : No, she is a daughter.

Ann   : Your children are very cute.
Professor : Yes, they are really cute.

Lesson 2. STUDYING KOREAN

Sunhee : Oh, when did you get here?

John : I just got here.

Sunhee : Did you come alone today?

John : No, my friend is outside.

Sunhee : Why doesn't he come in?

John : He is playing ping-ping outside.

Sunhee : John, don't you play ping-ping?

John : I have no time because of homework.

* * * * * * * *

Sunhee : How long have you been studying Korean?

John : One year.

Sunhee : Do you speak Korean well?

John : No, not yet.

Sunhee : Korean is difficult, isn't it?

John : Yes, it's still difficult.
     However, it's interesting.

Lesson 3. WEEKEND

Professor : How did you spend the weekend?

Helen   : I wrote letters to my family members.
             How did you spend the weekend, sir?

Professor : I took a rest at home.
             Didn't you take a rest at all during the weekend?

Helen   : Then, (after writing the letters)I did take a rest.

* * * * * * * * *

Professor : Is your life in Korea interesting?

Helen   : Yes, it's interesting.

Professor : What do you do mostly?

Helen   : I study the Korean language and Korean culture.

Professor : What part of Korean culture do you like especially?

Helen   : Everything's good, but, among them, I especially like traditional architecture and works of art.

Lesson 4. BOOKS

Yoonhee : Do you have any novels written in Korean?
Ann   : Yes, I have only one.
               This is the very book.

Yoonhee : Who gave you that book?
Ann   : My Professor gave it to me.

Yoonhee : When?
Ann   : Last week, after class.

Yoonhee : Have you read the whole book?
Ann   : Yes, I have.

Yoonhee : What kind of story is it?
Ann   : It's a traditional Korean story.

Yoonhee : Was it interesting?
Ann   : It was interesting. But, it was a little difficult.

Yoonhee : Then, try reading this book.
               It's a little easier.
Ann   : Thanks. I 'll be sure to read it.

Lesson 5. PICTURES

Yoonhee : Are this picture and that picture the same?
Ann　　 : No, they are different.

Yoonhee : Are they very different?
Ann　　 : No, they are a little different.

Yoonhee : Which one is bigger?
Ann　　 : This one is a little bigger.

Yoonhee : This one is a little bigger?
Ann　　 : Yes, it's a little bigger. Look.

* * * * * * * *

Yoonhee : Which picture do you prefer(like more)?
Ann　　 : I prefer that picture.

Yoonhee : Why?
Ann　　 : That picture is brighter in color.

Yoonhee : Do you like bright colors?
Ann　　 : Yes, I like bright colors.
　　　　　So, I prefer that picture.

Yoonhee : So, that's why you always wear bright colored clothes!
Ann　　 : Yes, that's right.

Lesson 6. OUTING

John   : Is Youngmin at home?

Mother : He is not at home. He went out. What shall we do ?

John   : When did he go out?

Mother : He went out an hour ago.

John   : Where did he go?

Mother : He went to school.

John   : He goes to school this early?

Mother : Yes, he always goes early.

John   : I see. Then, good bye.

Mother : Good bye.

* * * * * * * *

John   : Hello. Is this Youngmin's house?

Mother : Oh, you are John. Youngmin has not come (back) yet.

John   : Are you Youngmin's mother? Hello.
            When will Youngmin come home?

Mother : He usually comes home around 4 p.m.

John   : When will he come home today?

Mother : Today, he will come home around 6 p.m.

John   : Does Youngmin always go to school?

Mother : Yes, Youngmin always goes to school and studies there.

John   : I see. I will call back this evening.

Mother : Yes, please do.

Lesson 7. FRUITS

Yoonhee : Do you like fruits?

Ann   : Yes, I do.

Yoonhee : What kind of fruit do you like?

Ann   : I like all kinds of fruit.

            However, I especially like apples and Korean oranges.

Yoonhee : Korean apples are delicious, aren't they?

Ann   : Yes, they are. They are different from American apples.

* * * * * * * *

Yoonhee : Where do you buy fruit?

Ann   : I buy it at neighborhood stores.

            Where do you buy friut, Yoonhee?

Yoonhee : I buy it at the wholesale market.

            Don't you go to the big markets?

Ann   : I have not been there yet. I don't know the way.

Yoonhee : If you go there, there are plenty of goods and the prices

            are low. Let's go together next time.

Ann   : Thank you. I also want to go there and have a look.

Lesson 8. WEATHER

Monika : It's raining outside.

Youngmin : Yes, it rains a lot these days.

Did you bring an umbrella?

Monika : Yes, I did.

Youngmin : Does it rain much in England, too?

Monika : Yes, it rains a lot in England, too.

In Korea, it rains a lot in the summer, doesn't it?

Youngmin : Yes, in Korea, we have a rainy season in the summer.

* * * * * * * *

Youngmin : What kind of weather do you like?

Monika : I like sunny weather.

I feel good on sunny days.

Youngmin : How about rainy days or snowy days?

Monika : Snowy days are O. K. but I don't like rainy days.

Youngmin : Why don't you like rainy days?

Monika : I don't like my clothes getting wet.

Lesson 9. EXAMINATION

Professor : Did you study Korean a lot?
John   : I couldn't study very much.

Professor : Why couldn't you?
John   : I've been too busy these days.

Professor : How many hours a day do you study?
John   : Usually about two hours.

Professor : Korean is easy, isn't it?
John   : It's not so easy, but it is interesting.

* * * * * * * *

Professor : We will have an exam next class.
John   : Will the Korean exam be difficult?

Professor : No, it won't be difficult.
John   : How shall I study (prepare)?

Professor : All you have to do is go over the things you've learned
               well. Don't worry too much.
John   : Okay, see you tomorrow then.

Lesson 10. RESTAURANT

Yoonhee : Was yesterday's party interesting?
           (Did you enjoy yesterday's party?)
Monika   : Yes, it was interesting.

Yoonhee : Were there many people there?
Monika   : Yes, there were.

Yoonhee : How many people were there, approximately?
Monika   : About ten people came.

Yoonhee : Were they all foreigners?
Monika   : No, there were both Koreans and foreigners.

* * * * * * * *

Yoonhee : Are you hungry?
Monika   : No, I am not hungry yet.

Yoonhee : What time did you eat?
Monika   : At one o'clock.

Yoonhee : What did you eat?
Monika   : I ate Pulgogi and Naengmyon.

Yoonhee : Do you like meat?
Monika   : No, I don't like meat.
           But, I do like pulgogi.

Lesson 11. KOREAN LANGUAGE

Porfessor : This book, whose book is it?
John   : It's my book. Give it to me please.

Professor : What kind of book is it?
John   : It's a Korean textbook.

Professor : When did you start learning Korean?
John   : I started learning it this semester.

Professor : Have you learned this whole book?
John   : No, I haven't learned the whole book.

* * * * * * * *

Professor : How long have you studied Korean?
John   : About one semester.

Professor : Can you read newspapers?
John   : No. I can't read newspapers yet.
               I know the letters but not what they mean.

Professor : How about conversation?
John   : I am not good at conversation, either.

Professor : You do it well.
John   : I can only say easy things well.

Lesson 12. HOLIDAYS

Ann   : Do you like studying?

Youngmin : Yes, to me, studying is interesting.

              Don't you think so, Ann?

Ann   : To me, studying is O. K. but sometimes I like to take a rest.

              So, I look forward to vacations.

Youngmin : Everybody does the same.

Ann   : As for vacations, summer or winter is good.

Youngmin : You think so? I like spring or autumn.

* * * * * * * *

Ann   : How many days long are vacations in Korea?

Youngmin : Usually about a week.

Ann   : Did you make a plan for this vacation?

Youngmin : Yes, I'm going to Chejudo.

              I'm going to go hiking in the mountains and sailing on the sea there.

Ann   : Have you ever been to Chejudo?

Youngmin : No, this is my first time.

              So, I'm looking forward to it all the more.

Ann   : I hope you have a nice vacation.

Lesson 13. A FAVOUR

John : Um, will you do me a favor?
Yoonhee : What is it?

John : Please lend me a book.
Yoonhee : What kind of book?

John : A Korean language book.
Yoonhee : Sure, go ahead. Didn't you bring the book with you?

John : No, I forgot to bring it.
Yoonhee : Okay, here is a dictionary, too.
Let's look at them together.

* * * * * * * *

John : Aren't you busy?
Yoonhee : No, it's okay.

John : Now, I am preparing for today's lesson.
There is something I don't understand.
Yoonhee : Which lesson is it?

John : It's Lesson 3.
I don't understand Problem No. 3, there on the lower left side.
Yoonhee : I will teach you. Come here and let's have a look together.

John : Thank you.

Lesson 14. VISIT

Ann : Is the professor in?
Assistant : No, not now.

Ann : Has she not come at all recently?
Assistant : No, she came here this morning.
She just went out for a moment.

Ann : When will she come back?
Assistant : She will be back soon.

Ann : When did she go out?
Assistant : It's been around an hour. Come in and wait.

* * * * * * * *

Assistant : Put your notebook here. **Would you like some tea?**
Ann : Yes, thank you.

Assistant : What kind of tea do you want?
Ann : What do you have?

Assistant : Coffee and ginseng tea.
Ann : Please give me ginseng tea.

Assistant : Do you want some sugar in it?
Ann : No, give it to me as it is.

Lesson 15. TRAFFIC

Youngmin : I am late. I'm sorry.
        Did you wait long?
John   : No, I just arrived myself. I got stuck in traffic.

Youngmin : The traffic seems to be constantly congested these days.
        There is no difference even in rush hour. Even early in
        the morning, there's a traffic jam.
John   : Yes, you really are right.
        So, it's very difficult to be punctual.

* * * * * * * *

Youngmin : When you come to school, how do you come?
John   : I take the subway.

Youngmin : Don't you take buses?
John   : It is difficult to be punctual by bus.
        So, I take the subway.

Youngmin : Did you come by subway today, too?
John   : Yes, I took the subway today, too.

Youngmin : Do you know the subway lines well?
John   : Yes, it was difficult at the beginning but now I know
        them well. Today, I took Line 2 and Line 3.

Lesson 16. INTRODUCTION

Sunhee : How do you do? I am Sunhee Kim.

Helen : How do you do? I am Helen

And, this is Ann and John. They are my friends.

Sunhee: Oh, are they? Then, I will introduce my family.

My grandfather, grandmother, father and mother.

And, my brother Manho. Say hello.

Helen : How do you do? Glad to meet you. Do you all live together?

Sunhee: Yes, we all live together.

* * * * * * * *

Sunhee : I am a mathematics major. Mathematics is really interesting.

Ann   : I studied mathematics, too. And, I work in a bank.

Chunho : Mathematics is not interesting to me. Korean is interesting.

I do not have a major yet.

Father : I am a company worker. I work for a trading company.

My major was economics.

John   : I am a bank clerk. I work at this bank.

My major was history.

Lesson 17. KOREAN LANGUAGE

Manho : Where are you going?
John　　: I am going to school.

Manho : Why are you going to school?
John　　: I am going to learn Korean.

Manho : Where is the school?
John　　: The school is near Kyongbokkung.

Manho : How do you go to school?
John　　: I go by subway and bus.

* * * * * * * *

Misook : Korean is very different from English, isn't it?
Ann　　: Of course. The grammar is very different.

Misook : Pronunciation and vocabulary are different too, aren't they?
Ann　　: Yes. But there are similar things, too.

Misook : Which things are similar?
Ann　　: Many in English is 많이/mani/ in Korean.

Misook : That's very interesting.

Lesson 18. IN THE MORNING

Younghwan : Where are you going, so early in the morning?
Ann   : I am going to the bank.

Younghwan : You are going to the bank this early?
Ann   : We work at the bank. My husband is also a bank clerk.
            What do you do, Mr. Choi?

Younghwan : I teach at a school. I am a Korean teacher.
            And, my wife is a pharmacist.
Ann   : Ah, is that so? Please teach me Korean.

Younghwan : Yes, I will. Come see me from time to time.

* * * * * * * *

John   : What did you do yesterday?
Younghwan : I met a friend.
            And we saw a movie.

John   : Which theater did you go to?
            There are many theaters in Seoul.
Younghwan : Yes, we saw a movie at 'Anbang Theater'.

John   : Anbang Theater?
            Where is that?
Younghwan : In our house.
            Anbang Theater means "television set".

Lesson 19. BANK

Sunhee : What day is it today?

Clerk   : It's Monday.

Sunhee : Then, it's Monday, May 13th.

Clerk   : No, it's June 18th.

That's a May calendar.

Sunhee : I was wrong.

By the way, why is there last month's calendar?

Clerk   : I am sorry. I will change it immediately.

* * * * * * * *

Sunhee : I would like to open an account.

Clerk   : Do you want an ordinary account?

Sunhee : I want a savings account.

Clerk   : Okay. The interest rate is higher in a savings account than in an ordinary account. Fill out this application form.

Sunhee : I've finished filling out the application form.

Clerk   : Hand me your seal and wait a moment please.

Sunhee : Yes. I'll be sitting over there.

Lesson 20. TIME

Younghwan : Is Mr. Kim here?

Mother : No, he is not. He has not come yet.

Younghwan : Around what time will he be back?

Mother : Ordinarily, he comes around 6 p.m.

Younghwan : Now, it's already 10 to seven.

It's already 50 minutes past six o'clock.

Mother : He's late sometimes. Yesterday, he came at half past six.

Take a seat and wait a moment.

* * * * * * * *

Father : Father, Mother, I am back.

Honey, I am back.

Mother : Come in. Mr. Choi is here.

Father : Have you been waiting long? I am sorry.

Younghwan : No. I haven't been waiting long.

Mother : How is the weather outside?

Father : It's cold. It's windy and icy.

Well, Mr. Choi, let's sit down here.

Mother : First, please have a cup of coffee.

Dinner will be served soon.

Lesson 21. FOOD

Manho   : Grandfather, dinner is ready.

Grandfather : Yes, let's eat.

Manho   : Mother, please hurry.

Mother   : Yes, here you are. Eat slowly.

Father   : Mother, taste this please.

Grandmother : Yes, the stew is very tasty.

Manho   : The Chapch ae is also tasty.

                Mother is a very good cook.

* * * * * * * *

Sunhee : Which food do you like?

Ann   : I like everything.

Sunhee : Do you like Korean food?

Ann   : Yes, I like it very moch.

        But it's too spicy.

Sunhee : Do you eat Korean food often?

Ann   : I often eat Korean food for lunch.

Sunhee : Don't you eat Korean food at home?

Ann   : No, we can not eat Korean food at home.

        We don't have chopsticks.

Sunhee : I will give you some later.

Lesson 22. SEASONS

Helen : The weather is nice. Is the weather always nice in Korea?

Misook : Yes, the weather is very nice in Korea.

The change of seasons is distinct, and each season has its merits.

How is the weather in England

Helen : In England the weather differs from region to region.

But the weather of the region where I live is similar to the weather of Korea.

Misook : Then, you must have less inconvenience living in Korea.

Helen : Yes. Oh, the bus is coming.

Misook: After you.

* * * * * * * *

Helen : Which season do you like : spring, summer, autumn or winter?

Misook: I like cold winter.

However, I like warm spring, too.

Which season do you like best?

Helen : I like hot summer.

We can go swimming in summer.

However I like cool autumn too.

By the way, why do you like cold winter?

Misook: I like skiing.

We can enjoy skiing in winter

Lesson 23. PHARMACY

Misook : How are you? What's the matter(Where do you feel the pain)?

Sunhee : Strangely, my eyes hurt suddenly.

Misook : Did you injure your eyes?

Sunhee : No, I did not.

Misook : Didn't you sleep well last night? Or else, did you catch a cold?

Sunhee : I had a lot of homework yesterday. So, I couldn't sleep.

And, I have a cough and a headache.

Misook : Shall I prepare some medicine for you?

Sunhee : Yes, thank you.

* * * * * * * *

Misook : Here is your medicine.

Sunhee : How do I take the medicine?

Misook : Take this after eating.

And drop this into your eyes when they hurt.

Sunhee : I see. Then, will I get better?

Misook : You will get better soon. Go home and rest.

Sunhee : How much does the medicine cost?

Misook : If you have medical insurance, it's 1,400won.

Sunhee : Here you are.

Misook : Yes, thank you.

Lesson 24. BUS

John   : How do I get to the airport?
Manho : Take the airport bus at Seoul Station.

John   : Then, how long will it take?
Manho : It will take about an hour.

John   : How do I go to Seoul Station from here?
Manho : Take the subway.

John   : Thank you.

* * * * * * * *

John   : Do I take the airport bus here?
Passenger : No, the airport bus doesn't come here.

John   : This is Seoul Station, right?
               I heard the airport bus passes Seoul Station.
Passenger : This is Seoul Station.
               However, there are several bus stops around Seoul
               Station.

John   : Then, will that bus **number 50** go to the airport?
Passenger : No, cross the street and take **number** 600.

Lesson 25. KOREAN COSTUME

Ann   : Is this a Korean costume? It's very beautiful.
Sunhee : Yes, it is a Hanbok(Korean costume).

Ann   : What's this? Is this a blouse?
Sunhee : This is a Chogori here, and this is a Ch ima(skirt).

Ann   : Oh, yes. They are different from western clothing.
Sunhee : Of course they are different.

Ann   : Do Korean people usually wear Hanbok?
Sunhee : In the past, all Korean people wore Hanbok.
        These days, we wear western clothing a lot, but for festive
        days, we wear Hanbok.

* * * * * * * *

Ann   : I would like to wear a Hanbok, too.
        But will a Hanbok look good on me?
Sunhee : Then, try on my Hanbok first.
        Put on the skirt first and then the Chogori.

Ann   : What are these? Are they socks?
Sunhee : They are called Poson. They are like socks.

Ann   : Are men's Hanbok different from women's Hanbok?
Sunhee : Of course, they are different.
        Men wear Chogori and pants.

Ann   : If you wear a Hanbok, aren't you cold in winter?
Sunhee : If you wear a Turumagi, you are not cold.

Vocabulary

(Numbers refer to lessons.)

ㄱ

가게	shop	7
가방	bag	21
가시	sting	12
가을	fall, autumn	12
가족	family	16
감기	cold	23
갑	pack	20
강	river	5
같다	to be same	5
개	dog	5
거짓말	lie	23
걱정	anxiety, worry	9
건강	health	1
건너다	to go across, go over	24
건축	architecture	3
걸리다	to take(time)	24
겨울	winter	12
결혼하다	to marry	17
겸손하다	to be modest	18
경복궁	the Kyongbokkung	17
경제학	economics	16
계산	calculation	2
계절	season	22
고기	meat	10
고르다	to choose	17
고양이	cat	5
꼭	surely	4
공부	study	7
공부하다	to study	9
공원	park	9
공책	notebook	14
공항	airport	24
과일	fruit	7
과자	cookey	3

과학	science	7
교실	classroom	12
구경	watching(games)	12
국물	soup	4
국어학	Korean linguistics	16
권	volume	4
귀엽다	to be cute, charming, lovely	1
귤	orange	7
그냥	as it is	14
그렇지만	but, however	2
그을다	to be sun-tanned	24
끄다	to extinguish	3
극장	theater	18
근처	near, around here	17
끝나다	to end	4
기대	expectation, hope	12
기르다	to raise	12
기분	feeling	8
기차	train	6
기침	cough	23

ㄴ

나중	after, later	21
나흘	four days	19
남자	man	17
낮	daytime	4
낯설다	to be strange, not familiar	24
냉면	iced noodles	10
노선	line	15
놀다	to play	3
농구	basket ball	12

ㅅ

ㅇ

ㅈ

ㅊ

Grammatical Items

(Numbers refer to lessons.)

Grammatical Items

*(Roman numbers(I, II, III) refers to books
and Arabic numbers(1, 2, 3···)to lessons.)*

집필	총괄	이상억	서울대 인문대 국문과 및 어학연구소
	1권	한미선	서울대 대학원 및 뉴욕주립대
	2권	윤희원	서울대 사범대 국어교육과
	3권	한재영	울산대 국문과 및 서울대 어학연구소
	보조	최은규	서울대 어학연구소
삽화/사진		이은미	
영어교열		David Baxter	서울대 인문대 국문과

Korean through English 2   **한국어 2**

발행일 / 1992년 11월 24일 제1판 1쇄
1996년 9월 10일 제1판 7쇄

편찬 / **서울대학교 어학연구소**
서울특별시 관악구 신림동 산 56-1
전화 : 880-5483

저작권자 / **대한민국 문화체육부**
서울특별시 종로구 세종로 82-1
전화 : 720-4926, 722-1328

발행 / **(주) 한림출판사**
서울특별시 종로구 관철동 14-5
전화 : 735-7554 Fax : 730-5149

미국 동시 발행 / **HOLLYM International Corp.**
18 Donald Place, Elizabeth, NJ 07208
Tel : (908)353-1655 Fax : (908)353-0255